康熙山陰縣志 3

紹興大典 史部

中華書局

山陰縣志卷第二十六

人物志四

列傳一

夫賢哲克生古今代有列其經世者而敘述之文獻足徵紀載之體備矣其或懿行芳躅卓異而擅名亦有貞女高人幽隱而濟美著之别傳所以顯彝教示典刑也後有作者攷世而類稽焉鄉有餘師惟景行之不匱耳若夫方技小術緇黄異流藝成行修世有稱述不可以詭異而遺也法當附書

于後

〔補〕粤自文成講學隆萬以來山陰之接其派者代不乏人而勲猷忠烈亦復相繼而起至啓禎之際明運衰矣而骨鯁之臣節烈之士氷操之婦後先照耀獨優于他郡虞龢云忠臣接踵孝子連閭詎不信耶下及文章技能更彬彬間作有謂古今人不相若者夫豈其然

〔漢賀純〕字仲貞少爲諸生時博極羣藝十辟公府三舉賢良方正皆不就復徵拜議郎數陳災異上便

宜數十事多見省納遷江夏太守

鍾離意字子阿少爲郡督郵亭長有受人酒禮者府下記案致之意封還記言于太守侯覇曰春秋先內後外今宜先清府內若闊畧遠縣細微之愆勿宜案太守甚賢之遂任以縣事舉孝廉辟司徒掾嘗部送徒詣河內冬寒徒不能行意移屬縣使作徒衣事聞光武謂侯覇曰君所使掾何乃仁于用心誠良吏也除瑕丘令吏有犯法者旣服不忍誅吏父詬其子曰無道之君以刃行誅有道之君

以義行誅遂行進藥而死再遷堂邑令縣人防廣爲父報讐繫獄其母病死廣哭泣不食意傷之乃聽廣歸使得殯殮丞掾皆爭意曰罪自我歸義不累下遂遣廣殮母訖果還入獄意密以狀聞廣竟得以減死論徵爲尚書時交阯太守張恢坐贓伏法以貨物簿入大司農詔班賜羣臣意得珠璣悉委地不拜賜帝問其故對曰此贓穢之物誠不敢拜帝嗟歎曰清乎尚書之言乃更以庫錢賜意轉尚書僕射車駕數幸廣成苑意以爲從禽廢政嘗

車陳諫天子卽時還宫永平三年夏旱火起北宫意詣闕免冠疏請帝策報罷遂應時澍雨焉帝性褊察好以耳目隱發爲明公卿近臣數被詆毁至見提曳朝廷爭爲嚴切以避諸責意獨敢諫諍數封還詔書臣下過失輒救解之帝雖知其至誠然亦以此故不久留出爲魯相後德陽殿成百官大會帝思意言謂公卿曰鍾離尚書若在此殿必不立意視事五年以愛人利物爲化卒于官

鄭弘字巨君少爲鄉嗇夫太守第五倫見而奇之

召署督郵舉孝廉弘師同郡河東太守焦貺楚王英謀反發覺引貺貺被收道亡妻子繫獄諸生故人皆變名姓以逃弘獨髡頭負鐵鑕詣闕上章爲貺訟罪上覺悟卽赦其家屬弘護貺喪及妻子還鄉里由是顯名累遷尚書令弘前後所陳有裨益王政者皆著之南宮以爲故事出爲平原相徵拜侍中遷大司農元和初爲太尉時舉第五倫爲司空班次在下每正朔朝弘曲躬而自卑帝問知其故遂聽置雲母屏風分隔其間奏尚書張林阿附

竇憲而素行臧穢憲奏弘大臣漏泄密事帝詰讓弘收上印綬弘自詣廷尉詔敕出之乞骸骨未許病篤上書陳謝并言憲短帝省章遣醫占弘病臨歿悉還賜物命妻子褐巾布衣素棺殯殮以還鄉里

吳丁覽字孝連脩身立行用意不苟更推財從弟以義讓稱補郡功曹守始平長門無雜賓孫權深重之未及擢用會病卒

丁固字子賤覽之子在襁褓闞澤見而異之曰此

兒後必至公輔固少孤家貧事母能色養致敬族弟孤弱與同寒溫後歷顯位遷司徒時孫皓悖虐固與陸凱孟宗同心憂國年七十六卒

朱育少好奇文造作異字千名以上仕郡門下書佐與太守濮陽興問對行于世育後仕朝常在臺閣爲東觀令遙拜清河太守加位侍中推刺占射文藝優絕

謝承字偉平洽聞強記一覽不忘以女兄爲孫權妻仕吳官至武陵太守撰後漢書百餘卷子崇最

崇揚威將軍最吳郡太守並知名

晉孔汪字德澤湖南侯愉之子也好學有志行孝武帝時位至侍中時茹千秋以佞媚見倖于會稽王導汪屢言于帝帝不納遂求出爲廣州刺史政績甚著爲嶺表所稱

賀循字彦先邵之子邵以忠諫忤孫皓被誅循生而童齔不羣言行舉動必以禮歷武康令政教大行鄰城宗之陸機薦補太子舍人陳敏之亂詐詔書以循爲丹陽内史不屈元帝爲晉王以循爲軍

諮祭酒固讓不受轉太常領太子太傅廷尉張闓將奪左右近宅以廣其居作都門早閉夜開民患焉因詣循質之闓聞遽詣循謝而毀其門其爲人敬服如此時朝廷初建動有疑議宗廟制度皆循所定朝野諮詢爲當世儒宗卒贈司空謚穆

孔坦字君平愉從子也少方直有雅望咸和初爲尚書左丞會蘇峻反陷臺城挾天子幸石頭坦奔陶侃論賊勢皆如所籌後遷侍中時成帝每幸王導府拜導妻曹氏有同家人坦每切諫及帝加元

服尤委政王導坦從容具諫不可由是忤導以疾去職疾篤庾冰省之流涕坦慨然曰大丈夫將終不問安國寧家之術乃作兒女子態耶冰深謝焉

孔羣字敬林志尚不羈蘇峻入石頭時匡術有寵于峻羣與從兄愉同行于横塘遇之愉止與語而羣初不視術術怒欲刃之愉下車營救獲免峻平王導保存術嘗因衆坐令術勸羣酒以釋横塘之憾羣荅曰羣非孔子阨同匡人雖陽和布氣鷹化爲鳩至于識者猶憎其目導有慚色

孔奕即愉之族父也爲全椒令明察過人時有遺其酒者始提入門奕遙呵之曰人餉吾兩甖酒其一何故非也檢視一甖果是水或問奕何以知之奕曰酒重水輕提酒者手有輕重故耳在官有惠化及卒市人若喪親焉

孔嚴字彭祖少仕州郡歷司徒掾尚書殿中郎時朝廷崇樹殷浩以抗擬桓溫溫深不平浩又引接荒人謀立功于外嚴言于浩曰當今時事艱難處任者所至不同所見不異頃來天時人情良可寒

心願深思廉藺屈伸之道平勃相和之義又覩頃日降附之徒貪而無親難以義感浩深納之哀帝時以嚴領尚書多所裨益拜吳興太守善于牧下甚得人和又甄賞才能之士論者美焉

孔安國以儒素顯武帝時甚蒙禮遇仕歷侍中太常再爲會稽內史領軍將軍及帝崩安國服哀經涕泗竟日安帝隆安中詔曰安國貞愼清正外內播譽可以本官領東海王師後歷尚書左右僕射

孔沉字德度有美名何充薦沉于王導曰文思通

斂守登宰門辟丞相司徒掾瑯琊王文學並不就從兄坦以裘遺之辭不受坦曰晏平仲儉祀其先人豚肩不掩豆猶狐裘數十年卿復何辭于是而服之是時沉與魏顗虞球虞存謝奉並爲四族之儁沉子歆位至吳興太守廷尉歆子琳之以草書擅名又爲吳興太守侍中

〔謝沉〕字行思博學多識綜練經史何充引爲參軍母老去職不交人事耕耘之暇研精墳籍康帝即位朝議疑七廟迭毀徵爲太學博士以質疑滯何

克庾冰共稱歎之遷著作郎况著毛詩漢書外傳及詩賦文論其學在虞庾之右

謝奉字弘道歷安南將軍廣州刺史吏部尚書後免官東還道遇謝安停三日共語安欲慰其失官奉輙引以他端雖信宿竟不言及安謂同舟曰謝奉固是奇士

王徽之字子猷羲之第三子性卓犖不羈爲桓溫參軍又爲桓冲騎兵參軍嘗夜雪初霽月色清朗四望皓然獨酌酒詠左思招隱詩忽憶戴逵逵時

在剡夜乘小舟訪之經宿方至造門不前而返人問其故徽之曰本乘興而行興盡而返何必見安道耶嘗寄居空宅中使令種竹或問其故徽之曰何可一日無此君耶後爲黄門侍郎棄官東歸

王獻之字子敬少有盛名高邁不羈嘗與兄徽之操之俱詣謝安二兄多言俗事獻之寒溫而已既出客問安王氏兄弟優劣安曰小者佳客問其故安曰吉人辭寡以其少言故知之風流爲一時之冠工草隸善丹青七八歲時學書羲之從後密掣

其筆不得歎曰此兒後當有大名太元中新起太極殿安欲使獻之題榜而微試之獻之正色而拒安遂不之逼嘗從山陰道上行語人曰山川自相映發使人應接不暇若秋冬之際尤難爲懷仕至中書令謚曰憲

宋齊梁

孔靖字季恭宋武帝東征孫恩過靖宅靖方晝卧有神人謂曰起天子在門靖遽出適見帝延入禮接甚厚累遷吳興太守加冠軍遷尚書左僕射固讓及帝北伐以靖爲太尉軍諮祭酒從平關

洛拜侍中特進光祿大夫辭而東歸及受命加開府儀同三司讓不受子靈運位著作郎靈運子琇之俱有盛譽

孔琳之字彥琳强正有志力桓玄爲太尉以爲西閤祭酒玄議欲廢錢用穀帛又議復肉刑琳之極論變通之道以爲不可議遂寢玄好人附悅而琳之不能順旨以是不見知宋永初中爲御史中丞奏劾尚書令徐羨之虧違典憲時羨之領揚州刺史琳之弟璩之爲其從事以羨之意語琳之求釋

馬琳之不許曰我觸忤宰相政當罪止一身汝必不應從坐自是百寮震肅莫敢犯禁武帝甚嘉之行經蘭臺親臨幸焉

孔覬字思遠琳之從孫少骨鯁有風力口吃好讀書早知名歷位中書黃門侍郎仕宋爲江夏內史寮類間多所凌忽尤不能曲意權幸居常貧罄未嘗關懷性好酒雖醉日居多而明曉政事判决無所壅衆云孔公一月二十九日醉勝世人二十九日醒也覬在都下弟道存遣吏載米五百斛餉覬

竟却之吏乃載米而去其淸介類此

孔逷字世遠好典故學與王儉交昇明中爲齊臺尚書儀曹郎屢箴闕禮多見信納上謂王儉曰逷眞所謂儀曹不忝厥職儉爲宰相逷常謀議幄帳儉從容啓上曰臣有孔逷猶陛下之有臣永平中爲太子家令卒

孔琇之有吏能仕爲尚書左丞廷尉卿出爲臨海太守在任淸約齊武帝知之深歎息焉隆昌元年遷琇之爲晉熙王冠軍長史行郢州事欲令殺晉

熙王琇之辭不許遂不食而死子臻臻子紉孫紉孫子魚魚仕至晉陵太守淸白不可欺郡中號曰神君

南北朝王韶之字休泰家貧好學嘗三日絶糧而執卷不輟爲文善敘事除著作佐郎宋武帝以其博學有文辭累遷吳郡太守私撰晉安帝春秋敘三珣貨殖三厥作亂珣子弘領揚州刺史韶之在郡嘗慮爲弘所繩夙夜勤勵文帝稱爲良守有孝傳三卷及文集行于世

孔稚珪字德璋少而多學時周顒隱鍾山已而復仕稚珪作北山移文以譏之詞甚婉麗齊高帝時爲驃騎召爲記室參軍與江淹對掌辭筆歷御史中丞建武初爲南郡太守以魏連歲南伐百姓死傷乃上書陳通和之策稚珪風韻清疎好吟咏不樂世務時憑几獨酌門庭之内草萊不剪中有蛙鳴或問之稚珪曰我以此當兩部鼓吹王晏嘗鳴鼓吹候之聞羣蛙鳴曰此殊聒人耳稚珪曰我聽鼓吹殆不及此晏有媿色

孔休源字慶緒晉尚書冲之八世孫州舉秀才徐孝嗣省其策深善之謂同坐曰董仲舒華令思何以尚此可謂後生之準的也觀此足稱王佐之才休源初到都范雲一與相遇深加褒賞曰不期忽覩清顏頓祛鄙吝尚書令沈約當路顯貴軒冠盈沓休源或時後至必虛襟引接處之坐右商畧文藝其爲通人所推如此武帝嘗問吏部尚書徐勉求有學藝解朝儀者勉以休源對即日除尚書儀曹郎時多所改作每逮訪前事休源即以所記誦

隨機斷决無疑滯任昉嘗謂之孔獨誦遷御史中丞正色無所廻避百僚憚之後歷秘書監再爲晉安王長史累佐名藩甚復美譽昭明太子薨有敕夜召休源謀議立晉安王綱爲皇太子及卒帝流涕顧謂謝舉曰休源居職清忠方欲共康政道奄至殞殁朕甚痛之舉曰此人淸介强直亦爲陛下惜謚曰貞子

賀瑒字德璉晉司空循之玄孫也世以儒術顯名瑒少聰敏會稽丞劉瓛見而器之嘗與俱造吳郡

張融栺瑒謂曰此生將來爲儒者宗矣天監中爲太常丞召見說禮稱旨詔朔望預華林講四年開五經館以瑒爲博士別詔爲皇太子定禮撰五經義時武帝方創定禮樂瑒所建議多見施行所著禮易老莊講疏朝廷博士議數百篇賓禮儀注一百四十五卷瑒于禮尤精館中生徒嘗數百人弟子明經對策至數十人二子華季與兄子琛並傳瑒業

〔賀琛〕字國寶幼孤伯父瑒異之後家貧王之粟養母

躬執舟檝而習業不廢尤精三禮初瑒聚徒教授
四方受業者三千人瑒亡而散至是復集琛築室
郊郭之際傳禮學究其精微彭城劉瓛聞琛名命
駕相造會琛正講學徒侶滿筵聞上佐來莫不傾
動琛說經無輟會不降意瓛欣然就席問難從容
歎曰通才碩學復見賀生因薦爲郡功曹琛辭以
母老不就年四十餘始應辟後領尚書左丞參禮
儀事凡郊廟諸儀多所創定每見帝語常移晷刻
故省中語曰上殿不下有賀雅琛容止閑雅故云

所撰三禮講疏五經疏義及新謚法諸儀注凡百餘篇

孔子袪少孤好學耕耘樵採常懷書自隨明古文尚書爲國子助教選西省學士助賀琛撰錄累遷中書通事舍人武帝撰五經講疏及孔子正言子袪常考閱羣書以爲義證又自撰註尚書及尚書義加散騎侍郎卒于官

孔僉通五經尤明三禮孝經論語生徒數百人三爲五經博士值太清之亂卒于家子淑玄亦以文

學著官至太學博士兒子元素善三禮亦有盛名

孔逭有才藻作東都賦才士稱之陳郡謝淪年少時遊會稽還父莊問入東何見見逭否其見重于名流如此著三吳決錄本傳終于衞軍武陵王東曹掾

孔子雲師事吳興沈峻峻始爲國子助教吏部郎陸倕言于僕射徐勉以爲周官一書羣經源本學絕不傳巳歷年世惟峻獨精宜卽用其人使專此學勉于是奏峻兼五經博士于館講授子雲實傳

峻業官亦至五經博士焉

唐賀德仁與兄德基師事周弘正皆以文辭稱時人爲之語曰學行可師賀德基文質彬彬賀德仁兄弟八人時比漢荀氏太守王仁政其所居里爲高陽云武德中除中書舍人徙洗馬爲東宫學士貞觀初遷趙王友有集二十卷藏于四庫見藝文志

孔紹安蚤知名勵志于學陳亡外兄虞世南謂紹安曰本朝淪覆吾分湮滅有弟若此知不亡矣紹安與孫萬壽皆以文辭稱時謂之孫孔子禎歷監

察御史門無賓謁時稱其介禎子季詡擢制科授秘書郎陳子昂稱其神清韻遠可比衞玠從子若思封梁郡公

孔至字唯微梁郡公若思之子也歷著作郎明氏族學與韋述蕭穎士柳沖齊名撰百家類例以張說等爲近世新族剗去之說子垍方有寵怒曰天下族姓何與若事而妄紛紛耶初書成以示韋述述謂可傳及聞垍語或欲增損之述曰止大丈夫奮筆成一家書奈何因人動搖有死不得時述穎

士冲皆撰類例而至書稱上

孔敏行字至之元和初擢進士歷官諫議大夫時李絳遇事害本監軍楊叔元朝議莫敢顯攻之者獨敏行上書極論其罪風力勁然未及大用早卒贈工部尚書

嚴維字正文爲秘書郎大曆中與鄭槩裴冕徐嶷王綱等宴其園宅聯句賦詩世傳淛東唱和維有詩一卷藏秘府

吳融字子華祖翕有重名大中時觀察府召署以

吏不應高其節言諸朝賜號文簡先生融學益自力富辭調龍紀初及進士第韋昭度討蜀表掌書記累遷御史歷翰林學士中書舍人昭宗返正御南闕羣臣稱賀融最先至于時左右歡駭帝有指授璺十許藁融跪作詔揮筆而成語當意詳帝咨賞良厚進戶部侍郎有詩四卷行于世

五代

吳程文蜕唐大順中進士累官右拾遺程起家校書郎吳越王錢鏐以女妻之承制授金部郎中[illegible]舉諸司公事文穆王時奏授職方郎中知睦州[illegible]

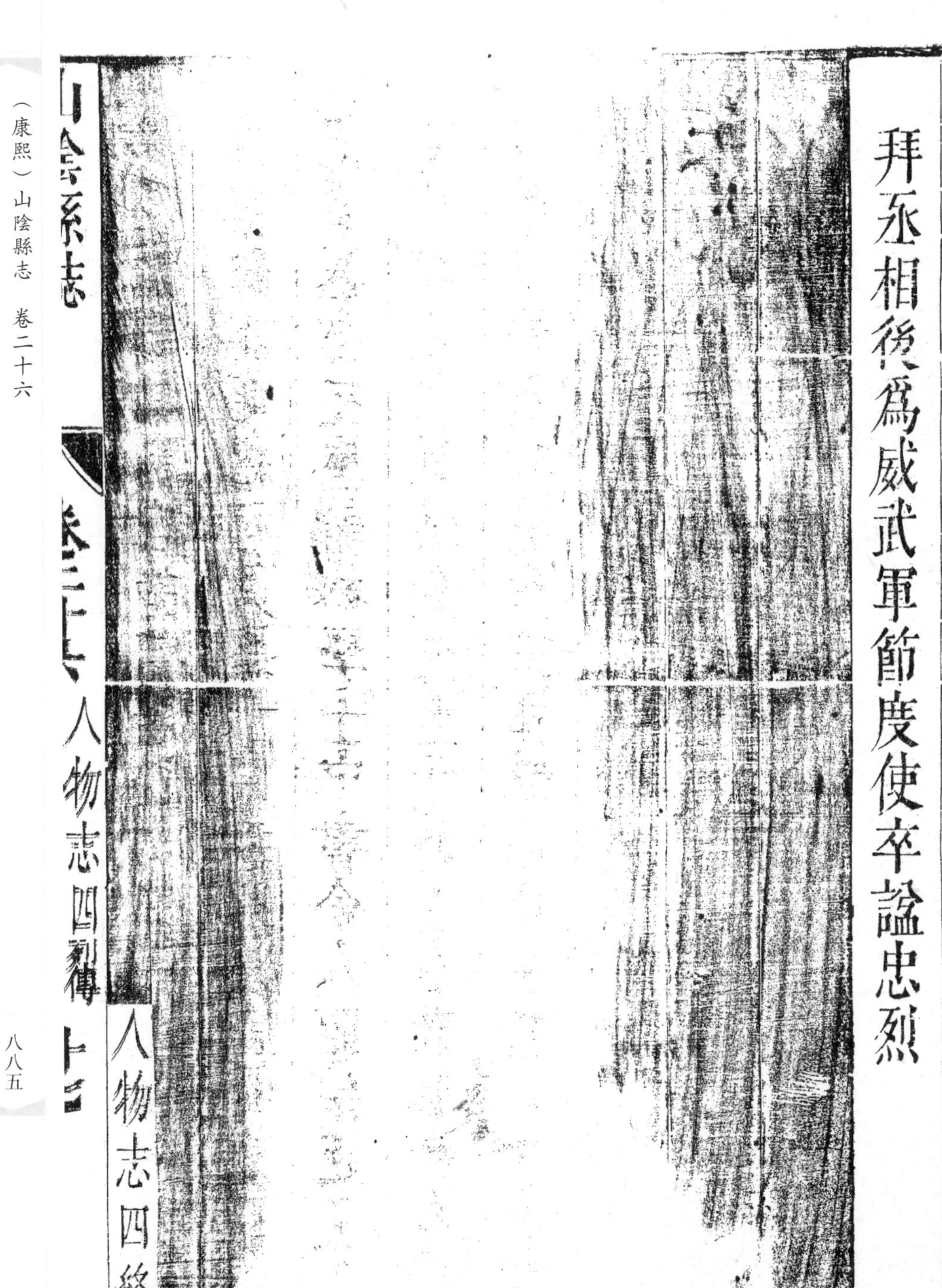
拜丞相後爲威武軍節度使卒謚忠烈

山陰縣志　卷二十六　人物志四烈傳

人物志四終

山陰縣志卷第二十七

人物志五 列傳二

宋杜衍字世昌幼孤及長舉進士累遷吏部侍郎樞密使范仲淹嘗出衍門下時爲參知政事數爭事上前衍無慍色仲淹益敬服之及衍爲相革弊事以修綱紀尤抑絕僥倖凡內降恩澤者一切不與每積至十數必面納之仁宗語歐陽脩曰外人知杜衍封還內降耶凡有求於朕每以衍不可告之而止者尤多於所封還也由是僥倖浸不悅衍善

決大事初邊將議欲大舉以擊夏人韓琦亦以爲可衍固爭之後兵果不得出契丹與夏人爭銀甕族大戰黃河外鴈門諸處皆警范仲淹使河東欲以兵從衍以爲契丹必不來兵不可妄出後契丹果如衍所料及仁宗欲罷范仲淹富弼二人宣撫衍執不可遂疑其朋黨以尙書左丞出知兗州衍爲相凡百二十日而罷去明年以太子少師致仕累遷太子太師封祁國公卒年八十謚正獻

【齊唐】字祖之唐觀察使瀚之後少貧苦學得書輙

手錄之過誦不忘郡從事魏庭堅聞士也謂唐曰今士多不讀書唐曰幸公任意以几上書令唐一誦之如何庭堅以一帙開示乃文選頭陀寺記而唐誦不遺一字庭堅大驚服登天聖八年進士第嘗進龍韜豹畧賦士大夫覽者皆震讋兩應制科對策皆第一當路忌其切直復排去之後爲南雄州僉判會交趾進麒麟唐據史傳非之斥蠻人給中國衆服其博物以職方員外郎致仕初鑑湖東北有山巋然與禹廟相望最爲山水奇絶處唐命

其山曰少微而卜築焉所著有學苑精英少微集各三十卷

錢彥遠字子高舉進士知潤州以地震勸帝順天修德且言契丹據山後諸鎮趙元昊盜靈武銀夏湖廣蠻獠劫掠生民惟陛下念此三方之急講求長久之計以答天戒時旱蝗民乏食即發長平倉以賑之部使者不能阻召爲右司諫知諫院會諸路大水彥遠奏陰氣過盛在五行傳下有謀上之象未幾果有挾刃入禁門者特賜五品服

齊廓字公闢舉進士授梧州推官累遷太常博士知審刑詳議官出知通泰州提荆湖路刑獄潭州鞫繫四七人爲强盜當論死廓訊得其狀付州使劾正乃悉免死平陽縣自馬氏時稅民丁錢歲輸銀二萬八千兩民生子至壯不敢束髮廓奏蠲除之初兼按察司時奉使者競爲苛刻邀聲名獨廓奉法如平時積官光祿卿直秘閣以疾分司南京改秘書監卒

錢勰字穆父以蔭補官神宗嘗召對將任以清要

官王安石使弟安禮來見許用爲御史勰謝曰家貧母老不能萬里行安石知不附已命以他職知開封老吏畏其敏欲因以事導人訴牒至七百勰隨即剖決乃驚咤去宗室貴戚爲之斂手召拜戶部侍郎進尚書加龍圖閣大學士因忤章惇惇極意排詆罷知池州卒

陸佃字農師受經於王安石安石當國首問新政佃曰法非不善但推行不能如初意故反病民耳擢甲科授蔡州推官初置五路學官選爲鄆州教

授召補國子監直講王雱用事好進者至崇以師禮佃待之如平日以是在太學七年不徙官脩定說文得入見神宗方議大裘佃考禮以對帝悅用爲詳定郊廟禮文官加集賢校理崇政殿說書進講周官帝稱善擢中書舍人給事中哲宗立去安石之黨士多諱變所從會安石卒佃率諸生哭而祭之識者嘉其無偏意及預修神宗實錄數與史官范祖禹黄庭堅爭辯大要不肯詆安石庭堅曰如公言蓋佞史也佃曰盡如君意豈非謗書乎擬

宗即位復爲吏部侍郎上正始疏遷吏部尚書拜尚書右丞進左丞佃執政持論多近恕每欲參用元祐人材尤惡奔競嘗曰天下多事則須不次用人苟安寧無事但當以資歷序進少緩之則士知自重矣著書二百餘卷埤雅禮象諸書傳於世

唐翊字浙師其先上蔡人五世祖始遷山陰曾祖而下俱以儒術顯翊生甫七齡日誦千言十三能屬文鄉老以奇童目之元豐中進士太學較藝居諸生上聲稱籍籍元祐間人士競工詞章翊堅守經

術卒以兩經中第主宿州蘄縣簿吏以其初筮少
之翊稍露芒鍔吏竟畏服不敢欺知靈壽時歳大
旱翊開河渠溉田數千頃旁渠之田不雨而稔常
平吏盜倉粟翊發其姦以能例得遷秩乃嘆曰置
人於重辟而已受賞可乎乃改從自首律後屢典
州郡曹所至皆有事功可紀錄同時陸佃等咸推
服焉

姚勔字輝中舉進士歷永康令祖父母猶在父母
毋以榮其親爲言遇郊封父母父母請回官封及

勔祖父母詔從之元祐中召爲左正言奏御史中丞趙君錫雷同俯仰無所建明累遷至寶文閣侍制國子祭酒知明州紹聖初言者論其阿附呂大防范純仁謫知信州再貶水部員外郎分司南京卒勔以孝行著每省先墓素衣步出城門且行且霣涕至墓尤哀惻見者爲之感動

陳過庭字賓王嘗使遼還時傳遼主苦風痺又箭損一目過庭正其妄且勸帝飭邊備累遷御史中丞兼侍讀睦寇竊發過庭言致寇者蔡京養寇者

王黼寵二人則寇自平又論朱勔父子本刑餘小人交結權近竊取名器罪惡盈積宜昭正典刑以謝天下由是忤旨安置黃州及欽宗立以兵部侍郎召在道除中丞過庭論近日爵命不由勳績及辨宣仁后誣謗又劾姚古之罪擢右丞中書侍郎時遣大臣使金耿南仲聶昌固辭過庭曰主憂臣辱願效死帝固遣南仲昌及城陷過庭亦行因被留不還四年六月薨於金明年贈開府儀同三司諡曰忠肅

傅墨卿字國華以大父恩補太廟齋郎宣和中以禮部尚書持節册立高麗王楷有功還賜同進士出身建炎中以正奉大夫致仕墨卿凡三使高麗所過郡縣輒與守令道上德意以寬宥爲務罪囚及當死者多得減釋官吏有責罰編置亦貸除之高麗至今有廟祠初墨卿尉江都往來山陽深爲節孝處士徐積所知人問積所爲知墨卿者積曰方欽聖升遐楚之官吏寓客皆集服臨郡廷下惟傅尉容稱其服吾以是賢之

傅崧卿字子駿，墨卿從父弟省試第一擢甲科累遷考功員外郎時方士林靈素得幸造符書自三公輔臣以下皆從靈素師授崧卿與曾幾獨不行被譖出爲鄂州蒲圻縣丞高宗召爲中書門下省檢正諸房公事詔問建都孰便崧卿以建康建國宜定基本以濟中興爲對金人渡江上自越將幸四明崧卿殿後乘障盡死力以崧卿爲浙東及衢信州防遏使明年知越州上自永嘉還越供億用度崧卿乞悉從蠲減雖中旨有不便輒執奏賜可乃已後金師復大舉入寇高宗將親撫六師崧卿入對言留都管籥旁郡輔翼當及鑾輿未發亟圖之庶無後慮上稱善進給事中尋罷歸自國家多事嘗慷慨欲以功名自見與客言及國事輒憤詫或至流涕覽鏡見齒髮衰落歎曰吾遂無以報國家而死乎在上前論議尤感激未及大用而卒時人惜之所著有樵風溪堂集六十卷西掖制誥三卷其夏小正傳最行于世

〔唐閱〕字進道少爲學刻苦夜未嘗臥舉進士屢遷

都官員外郎乾道間兩浙饑詔爲　浙東檢察賑濟州縣抑配豪右時民家多閉糴閲奏儲粟之家宜勿限以價勿計以數則趨利之徒將傾囷競售不待低昂而價自平民饑不相保小兒遺棄衢路宋法三歲以下乃許異姓收育閲請雖及十歲權聽民鞠養以爲己子孝宗皆可之於是全活甚衆嘗以左氏春秋倣遷固史例以周爲紀列國爲傳又爲表志贊合五十一卷號左史傳行於世祀鄉賢

陸游字務觀左丞佃之孫少頴悟問學該貫喜爲

詩歌工文辭淹練先朝典故聲名振耀當世張孝祥以詞翰自擅獨見游輙傾下之以蔭補官高宗聞其名欲召用之游以語觸秦檜故抑不進紹興末始召對褒諭再三命賜進士出身孝宗即位遷樞密院編修時和議將成游以書白二府抗陳不便又代樞臣張燾言龍大淵曾覿招權植黨熒惑聖聽上詰知游所代草怒出爲通判後爲建康王炎幹辦公事陳進取之策又知蜀帥吳挺將叛請以吳玠子拱代之以絕亂階炎不從後挺果叛入

服其先識范成大帥蜀游爲參議官以文字交不拘禮法人議其頹放因自號放翁預修光孝兩朝實錄成陞寶謨閣待制致仕卒年八十有五所著有劍南詩集二十卷續稿六十七卷渭南集四十三卷及會稽志行于世

梁仲敏字元功紹興初爲太府丞以周葵薦召對擢監察御史拜右諫議大夫仲敏居諫職久所論抗直無隱上或未悟必反覆開陳冀其聽納方止金人入寇大將有潛遯者仲敏力請誅之大將坐

遠斥軍聲遂振晚罷官居家尤篤風誼既卒邦人咸思慕之

王佐字宣子十八補太學生二十有一以南省高選奏廷對爲第一授僉書平江軍節度判官未赴召爲秘書省校書郎秦檜專政其子熺提舉秘書省館中或趨附之以爲捷徑佐獨簡默嚴重未嘗妄交一語嘗語同舍謂不宜自屈熺聞不能平嗾言者論去之及檜死熺斥尋復起用檜妻王氏陳乞舊所得恩數之未用者自稱冲眞先生佐駁之

曰妾婦安得此稱向者誤恩有司不能執執爲失職

令當追正併欲奪其僭階執政不能聽但寢其請

而已後王氏死卒奪先生號淳熙中知建康府有

妖人挾左道與軍士不逞輩謀不軌佐得其陰謀

一日坐帳中決事命捕爲首者至前詰數語責短

狀判斬字而流其徒於嶺外僚屬方候見於客次

無一人知者見佐擲筆乃異之而妖人已誅矣佐

方閱案牘治他事延見賓僚乃退無少異於常日

後徙知潭州宜章民陳峒竊發甚猖獗佐檄流人

馮湛權湖南路兵馬鈐轄統制軍馬即日授以節制征之具奏論賊勢上是其策親督戰斬賊寇誅獲無遺詔以佐忠勞備著超拜顯謨閣待制歷工戸二部尚書淳熙十一年奉祠卒贈銀青光祿大夫弟袞別有傳　初父俊彥字應求紹興五年進士任鎮江教授無子一日見美婦供囚飯叩其由則以冤告俊彥憐而脫之夫感德欲以妻請爲妾俊彥避居他處夜起寫云不雜人間種恐遭天上殃遣之未幾妻孕生佐御試取佐第一叔俊義字

堯明宣和上舍狀元有清操

莫叔光字仲謙舉進士又中博學宏詞科歷官中書舍人紹熙二年春雷雪交作詔陳闕失叔光言女謁漸行近習預政等事辭皆剴切人所難言布衣俞古上書將以指斥被竄叔光請執政曰不可壽有旨筠州安置叔光即繳奏方求言不宜罪言者事竟寢後歷吏部侍郎兼秘書監卒叔光外醇和中實耿介入西掖纔三歲論駁數十事且奏遏內侍遥領郡等事時論甚韙之

俞亭宗字兼善登隆興二年進士洪适帥越聞亭宗行義延置郡齋日以文章爲事嘗爲博學宏詞業适弟遵讀之曰他日玉堂揮翰可也後知漳州首罷民間戶口鹽偵及溪港津渡之榷減經制司錢之苛取者又貸民輸丁錢嘉定初入爲秘書少監以老求奉祠章六上除直顯謨閣主管成都府玉局觀卒年八十九所著有垂軒稿山林思古錄羣經感發等書後從裔孫弘舜請崇祀鄉賢

唐閭字識通以世賞授將仕郎爲台州郡曹治獄

恕而持正不曲意阿上指稍不如法輒辭職太守劉光以是賢之聞儒術立身見於政事者經緯燦然志在愛民而不爲姑息性至孝初罷臨海令以母高年求丞上虞以便温凊人稱其孝云

陳天祐字受之祖元德從晦庵東萊二先生游父相朝奉大夫知惠州天祐幼有慧質頴悟夙成以恩爲將仕郎銓試詞賦第一尉歸安地近事煩而尉職尤劇莫敢任天祐歎曰豈有不可爲之官耶筮仕之初願爲其難者既試以吏事衆皆驚服嘗

出郊吏具飲食舟楫甚飭天祐詰所出吏以例對天祐曰費出於官則犯法出於民則重擾例安可用盡却之貴人居邑者將囑事出謂人曰吾見尉自不敢有所請中進士第時年尚英妙聲華籍籍爲大州教授日與諸生講經義聽者感發德祐二年以國庫書監召不赴退歸城南杜門讀書與人交終不變四方學者至越必進謁天祐高冠大帶議論卓卓見者咸以爲儀刑

元斡勒海壽字允常其先河南人海壽剛正有志節

爲監察御史劾奏殿中侍御史合麻及其弟雪雪罪惡直聲震朝廷中外皆推重之官至浙東廉訪使

王裕字好問早歲融通經史既長以文辭鳴順帝時科舉法復行裕領浙江鄉薦再試禮部中乙榜屢授校官既謝事歸以五經教授于鄉門徒常百餘人工於詩文有集若干卷

明高復亨字本中時遊燕京從太史金華王餘慶學及遊學士歐陽玄諸名公之門洪武中詔爲總戎

掌書記改知河間獻縣招集流亡百姓咸歌思之坐累謫鍾離未幾詔起官復知諸城諸城故畬地畬人廢學久復亨至始樹學延儒教化大行尋以事免歸

王儼字若思通毛詩三禮洪武初以明經薦除本府儒學教授性方重律身至嚴動有典則諸生知所型範爲當世儒宗

唐肅字處敬工古文詞其詩風格近漢魏步驟盛唐稱當世大家爲皇岡書院山長轉嘉興學正洪

武三年用近臣薦召至京師纂修禮學尋擢應奉翰林文字承事郎同知制誥兼國史院編脩官肅以文詞擅名於朝日侍帷幄備顧問其奏對皆稱旨眷注隆重一日侍食上前上食未已而肅先罷因秉匙筯以候上既輟膳顧謂肅曰秉匙而待此何禮也肅倉遽頓首謝曰此田野氓所行禮耳上怒曰野氓之禮亦行之君前乎因放肅於濠廢爲民而卒所著有丹崖集行於世子之淳

唐之淳字愚士潛心著述同時蔡庸毛鉉鎦績俱

有詩名而之淳爲稱首朋徒敘論以禮樂道藝相詰難汲引後進多有成立以大儒方孝孺薦授翰林侍講嘗集古今治亂爲書將獻之朝不果而卒所著有彀齋萍居二集及文斷十卷

錢宰字伯均一字子予吳越王鏐之後幼好學淹貫墳典弱冠以文詞名至正間中甲科明年當會試以親老不行教授于鄉國初被薦徵詣京師與諸儒從事預脩禮樂諸書尋以病歸洪武六年授國子助教務以禮度繩諸生數上疏乞休洪武二

十七年再召校書翰林是時老成凋謝宰輿學士劉三吾特承眷倚每進見必賜坐侍食年幾耋疏乞骸骨再三乃允仍遣行人護之歸子尚絅歷官都門令學與政並有聞祀鄉賢

周觀政字我觀洪武中以薦教授九江擢爲監察御史嘗監奉天門有中使將女樂入觀政止之中使曰有命觀政曰有命亦不可中使怒而入頃之出報曰可觀政亦不從曰必面奉詔已而上出謂觀政曰内間慶賀侑食之樂廢缺欲令内人肄習

吾已悔之御史言是永樂初陞江西按察司僉事建言九事曰遵定制厚親親嚴邊備覈邊情謹刑獄通下情慎朝儀惜人才明毀譽皆見嘉納時安南初下觀政又言四事曰修明政教慎簡征科革正衣冠作新學校疏入成祖即賜施行官至觀察使卒祀鄉賢

劉子華字昭甫洪武初以明經薦太祖御奉天門召賦常遇春挽詩子華立賦曰揮戈十載定河山忽報星沉易水灣馬首西風旌旆捲天涯落日凱

歌還功成楚漢興亡際名在韓彭伯仲間聖王思功心獨苦黄金直欲鑄眞顔大稱旨授大典同知改青州推官子鍔廷對三人授編脩太祖覽策曰有用之才也從孫棟嘉靖初議大禮有傳

趙俶字本初宋宗室之後也母方娠時夢異僧抱兒畀而承之已而生俶强記過人八歲能詩文指物輒賦稍長博涉經史子集爲文章有秦漢作者之風其賦尤擅美于時部使者河中何約按部至越俶時爲諸生延見之從容問諸史俶能詳其上

下三千年君臣行事下至外國山川形勝如其身所履者約奇其博洽因歎曰窮年讀史不如聽趙生談也尋登進士上第時方右武儒者絀不用叚遂隱居明興徵拜國子助教是時典成均者皆極殊選而叚與蘇伯衡爲冠弁云

白範字以中學行爲世所推重膺薦典教勳戚家動有典刑諸子弟遵其教習服淸素華紈袴淫靡之習擢靑州府同知政以寬簡而治卒于官有詩文傳於世

毛鉉字鼎臣賦性方直生平無妄交風度高曠視榮利邈如也善詩歌備漢魏以下諸體爲文高簡有古法洪武中以薦授國子學錄弟銳亦以文學著名

胡粹中生而警敏博洽治毛詩尤長于春秋三傳洪武初聘爲儒學訓導歷官楚府左長史佐楚凡二十年善輔導上下皆格心所著有讀史筆記元史評典復齋稿若干卷

王誼字内敬幼卽强問學事親以孝稱旣而從遊

遼陽守帥賔而禮之教諸生有成法未幾朝臣論薦授翰林待詔尋罷歸閉門著述學者咸問業焉子佑爲工部侍郎封如子官弟懌字内悦溧水知縣亦工於詩清麗纖巧不能如誼之渾厚雄壯惟有盛朝人風故多可傳者

劉眞字天錫以詩領鄉薦主教星子望江以古道廸諸生一時多所樹立擢司經局校書尋左遷久之召爲考功主事律身嚴愼人莫敢干以私洪熙初詔選文學老成輔親藩之國眞拜淮府長史未

幾致政還嘗有偷兒盜其鄰誤入眞第持物少許去已乃知爲眞物乘夜歸之其德感人類如此

呂升字升章洪武庚午領鄉試典教溧陽當路者薦之于朝擢江西僉事振肅風紀吏民畏而化之按部所至禱雨輒應永樂戊子改山西境多虎患升爲檄告神虎即就捕丙申改福建建寧有螟傷稼升向天祝之俄而雷雨大作螟盡死戊戌辛丑同考禮部會試丙午陞大理寺左少卿壬子致仕年九十二而卒子公愿國子學正孫誂南平知縣

俱由科目君子稱其家學有自云

山陰縣志卷第二十八

人物志六　列傳三

明

錢遜字謙伯性至孝母病侍湯藥久不怠及卒廬墓終喪洪武中膺薦授寧夏水利提舉吏目修河防實邊餉既還大將軍都督何福奏遜參侍元戎贊理有大功爲一方保障會陝西按察副使宋理上言遜功不可忘當序進以旌其賢遂授孟津知縣益盡心民事丁內艱服闋改知弋陽坐累謫戍交南復以薦對策稱旨授文昌主簿文昌居海島

習俗悍戾遜宜布德意民漸懷服化行嶺海間百姓咸樂其生遜狀貌魁梧言行詳慎始終一節雖歷變卒能以功名終素工詩有遜齋集二十卷

朱文淵字叔龍秘書省正字朱萬裔孫洪武間以太學生詣闕陳時政忤旨謫戍雖歷顛沛而志行益堅宣德丙午大臣薦其直節宜錄用授滑縣儒學訓導講學行禮以身先多士化及齊民擢國子學錄尋致仕歸年已大耋猶手不釋卷郡大夫政有所疑輒造其廬問焉不敢以呵導先其爲隆禮

如此子恂宣亦世其春秋學以孝義聞

毛肇宗字克敬幼孤篤學居僧舍卒業三年不出戶永樂中登進士時方重籓臣選授周府教授王嘗遣肇宗入謝封拜旣竣事出京上念其有輔導功追召還更賜酒饌勞之肇宗喜吟咏寄興高遠有耶溪集二十卷

吳中字孟庸以進士拜監察御史累有建明嘗總理三法司事詳讞諸道疑獄時成祖勤政務尤恤刑典躬錄囚公卿在前按簿閱實中黙唱囚名舉

成律無一詿誤上特記其名將大用之既而奉勑往參大將軍戎事綜理邊務識敵情虛實山川險要其所經畫動中機宜以是每致克捷尋擢山西參政督軍餉勞瘁致疾卒中性喜吟咏雖在軍旅倥偬未嘗廢積千餘篇子駿從子騆皆承其家學宦業有聲

〔徐士宗〕永樂中以國子生知滕縣再令貴溪歲甲午邑大水士宗奏蠲田租三之二又請以租折輸有民田之汚者盡除其租有婦人訟其夫爲讐家

所害士宗鞫之無驗俄有蚱蜢飛集几案士宗祝曰爾有寃當集讐人身已而果然囚始伏辜境内稱爲神明擢廣信通判仍知貴溪縣事在縣幾二十年陞授饒州府未任卒于貴溪民祠祀之後百餘年貴溪人徐貞明來令山陰猶爲豎坊曰循良世澤葢貴人之見思如此而士宗孫綬授廣平府通判軒以貢起家授永新諭皆有聲

王暹字景暘永樂戊戌登進士上第選爲庶吉士儲養中秘授刑部主事進員外郎斷獄有能聲廷

臣薦其才可大用擢河南按察副使再調陝西以督餉著勞擢布政使專理粮儲事集而歲用充會丁内艱時以金華例不終喪上疏懇乞終制不許未幾召拜都察院右副都御史巳巳之變京師戒嚴暹守正陽門圻外民聚城下丏入時各門巳閉守時勢叵測無敢任其責者暹獨奏開西直門納之活者萬計尋命安撫順天河間軍民及安插新舊達官經理曲盡機宜遂輯寧畿甸國家賴以無事又疏通水陸清寇盜以利往來守護天壽山陵

相地形築立昌平等城堡統軍勦賊致克捷功更
奏罷被掠郡縣歲課物料凡事之爲民患者未幾
再奉命巡撫河南潼關等地方練軍伍修城隍賑
貧窮通漕運其所經畫皆國家大計轉左副都御
史尋進右都御史時河徙漸逼汴城亟命有司募
徒役築堤防以捍其衝河不爲患仍奏免被災郡
縣芻粮二十餘萬且因災異自劾不職乞罷乃得
致事而歸天順甲申詔進榮祿大夫階及卒訃聞
賜祭葬如禮錄其子縉爲國子生暹剛毅敏達清

峻耿介恬於進取而遇事敢爲所著有慎庵集綖字文晃初典教郡縣後終楚府長史博學篤行有雅度鄉稱長者所著有名宦鄉賢贊

秦初字性初以進士起家官翰林檢討中書舍人遷禮部主事敦裕醇厚行誼如古人居太學時同舍生以使命出妻死無主初爲之經紀喪甚周有金安者除後山衛經歷當之任貧無以治裝初脫所乘驢資遣之徒步出入後在史館皁人嘗失馬以逸告人疑皁爲盜當窮治曰我未嘗寡恩人必

不負我後馬果得于他所鄉人有不義者富于財以禮幣爲其母請銘初誘曰吾文不足以榮若母卒不許

朱純字惟純領鄉薦典教易州易士鄙悍不知學純至振育多方一時知所奮起士之成名者甚衆所司奏課吏部考上上冢宰郭進問曰易士久無可薦者今爾多得士予嘉乃績純對曰此前人造就已成純適收其成功耳進歎曰長者之言也拜刑科給事中奉命檢閱福建帑藏清弊袪蠹吏姦

無所容繼以餉軍政往遼陽按視營壘奏益軍士衣糧邊人至今德之官終廣西右參政子宗岳繼其業爲學官博學能詩所著有如夢集行于世

韓陽字伯陽永樂丁酉以春秋魁兩浙歷蘇松二郡司訓教士有成業譽望日起典江右試事所錄者皆名士後多至名公卿轉丹陽教諭用太常卿姚友直薦拜南京監察御史論奏不避權要常劾同官王復及内官袁誠不軌事卒寘于法楊文定公溥時爲宗伯推陽學行可師表一方乃歷授湖

廣江西提督學政課士嚴文體重學行士類向化陞按察副使手裁益厲景泰丙子監省試同官有欲私其所親者陽毅然斥之慮囚多所平反以殊績超擢廣東左布政使未幾得請致仕陽孝友天至母病躬爲嘗糞然性剛方不能容人過所著有思庵稿

張倬字士昭正統間由鄉舉分教崑山時年尚少爲師儒益嚴禮範事之有裨風化者必毅然主行之擢閩縣知縣縣當寇亂餘倬起頹葺廢政漸以

舉憂勤致疾卒于官邑民奠哭者相屬不絕倬自少頴悟篤學爲文法秦漢詩備諸家體裁所著有榖齋集二十卷筆錄十卷藏于家

司馬恂字恂如温國公十二世孫恂性醇篤自以先賢後思砥勵以承遺休旣力學尤敦尚行義在鄉校出入動止皆有常度正統辛酉貢入太學祭酒李時勉當世儒宗慎許可獨器重恂延教其子弟甲子中順天鄉試第一拜刑科給事中偕學士倪謙使朝鮮朝鮮王素知恂名及見其威儀言論

特加尊禮臨行爲贐甚厚皆郤不受文辭至今傳之及英宗復辟恂乃帥同官極論人臣懷二心者慷慨引義擊權姦辭甚切至然特敦厚周慎權姦欲中傷無可乘者未幾以殊選入爲春官贊善侍經筵多啟沃之助進少詹事兼國子祭酒敦禮範衆修其科條諸生無敢自便尋謝事歸居宗黨恭儉平約恂恂如也不愧其名稱云司馬氏自宋來清白相承至恂歷顯仕服習如寒素家不增一壟其文學政事爲一代名臣卒贈禮部侍郎遣官葬

祭如禮子垚刑部員外郎亦篤行能文章孫公紳中書舍人

徐光大名暹以字行少有大志侍其父復賜宦兩京潛心儒業讀書務探其精蘊文行炳朗一時名士多與之遊以遺逸徵爲句容學官教罔不孚是歲學宫產靈芝嘉麥同根竹並蒂瓜及蓮其爲瑞應者甚繁明年與鄉薦者五人句容士風大振擢國子監丞律身正物益篤以勤而髦士悅服拜楚府左長史尋卒所著有久菴稿

唐彬字質夫景泰甲戌登進士拜監察御史時總兵官石亨擅權驕横廷臣無敢議之者彬抗章論劾其罪謫官平鄉及亨敗召還職持節按八閩嚴重清肅事必舉綱紀繼廵陝西其風裁亦如在閩癸未監會試試院火再謫知新喻未幾擢山東按察副使董貞憲度屬府倅以賄敗托權要求倖免彬卒寘諸法以考績便道之家擢貴州左布政使未行卒

蕭昱字用光性至孝母喪明昱日以舌舐之復有

見以易詩三禮教授生徒學究本原說經遂寄遇其指授者多成名俊天順壬午魁省試授貴溪知縣見俗嚚澆號難治昱以簡易慈愛爲政民用不擾未幾丁母憂民追賻皆弗受則相率持錢帛如紹興即其廬奠焉補令高密初民困于征輸皆相率亡去昱至停羨餘以蘇民瘠設舍具以招流亡密地當沙河下湮漫流殺稼昱治塘浚溝取南人水耕法教民濱河爲田立均徭九等例當道頌之一省以爲定式公退親教授諸生朔望集耆艾於

庭率民孝弟卒于官民傾邑哭送至有及淮而返者昱先在貴溪入名宦祠及終高密民復祠而祀之凡水旱疾疫必禱焉密人李中丞介謂昱惠愛及民生而神明歿而考妣得王道遺意

朱士學字用之以貢入太學初授瑞州推官繼任河間廉介自持義却皂隸緡錢長貳咸義而從之遂寢其額河間獄訟繁勩士學剖決無寃滯有聲畿輔請乞休致家居杜門翛然自適博古能文尤邃春秋學故子姓咸以春秋世其家

祁福字天錫素凝重簡默以貢典教龍溪待諸生以恩禮有貧窶者每捐俸賙之秩滿遷重慶教授甄陶振育士之有造者至三十餘人從弟仁子司貟承家學皆以進士起家仁禮部主事司貟監察御史後知嚴州府

陳定字定之由鄉舉分教袁州遷分宜教諭教士多成材嘗典修袁郡志得體裁以善志稱歷膺聘典名籓鄉試所得士皆有夙望尤善課子三子皆以科第顯邦直西安同知邦榮邦弼相繼登進士

鄉人以爲義方之勸

薛綱字之綱以進士起家拜監察御史廵按陝西其所建明皆邊防大計奉勑督學南畿學政振舉有聲望擢湖廣副使督學如初歷廣東按察使雲南布政使皆善其職尋謝事歸綱簡直和坦不矯激而能持正爲文醇雅所著有三湘集崧陰蛙吹等篇

陳壯字直夫幼從父戍燕清苦力學嘗枕篋讀書慷慨有大節敦篤典禮以振起流俗庶幾古人之

風烈天順間成進士拜南京監察御史風采清峻諸所建明皆經濟大畧而尤以激揚爲任時官留都者莊公㫤劉公大夏倪公岳羅公倫輩皆海内名流莊與定交日以行義相淬厲白沙先生獻章道學聞望冠天下學士大夫得登接者輒自榮重莊獨爲先生所許可交至懽尋丁内艱服除改江西僉事以憲度督察官吏雖素所愛厚者無所假南安守張弼才華翰墨表著當世風流雋雅而頗不事事莊劾其醉酒狂書罷之未幾抗疏乞歸師

相李東陽重其去作詩贈之有莫與越人謀出處直夫先謝外臺歸之句歸十餘年當路屢論薦有詔起官福建辭弗允尋擢河南副使甫蒞官即懇疏乞休既得請杜門讀書益窮蘊奧絶請託事有不平者輒直言于所司或歸德焉辭不居典至攜賓朋歷湖山一觴一咏其懷抱蓋泊如也壯直道事人志未竟而退退而爲鄉之典刑者二十年屹然繫社稷之望豈所謂獨立不懼鄉先生沒而可祭於社者非與

司馬亜字通伯父軫由學官歷國子助教學術宦業有聲當時亜幼敏睿博極文典成化辛卯冠省試明年登進士以御史視學南畿考文序士如權衡之齊物無錙銖失其平者南畿人士至今稱其神鑒擢福建副使尋致政歸歸即闢園亭杜門謝事以詩酒相娛樂縱情丘壑視塵俗無可羈者嘗榜其門曰獨呼明月長陪醉不負青天早放閒其襟度清灑大節磊磊蓋達士云所著有蘭亭諸集行世

王鑑之字明仲以進士知元氏縣有治才擢監察御史督南畿學政學政修而士有造咸畏而愛之入爲大理丞轉都御史歷刑部侍郎進尚書時逆瑾擅權以威虐鉗士大夫爭卑諂以求自免六卿見者皆長跽鑑之獨與抗禮且責同列曰大臣而可屈體於宦豎乎瑾聞之不悦人或勸鑑之少屈終不從遂謝病歸詔進階一品賜玉帶鑑之平生清介自縣令歷官上卿僅能立門戸對家人語亦以國法相教戒有古大臣風

張以弘字裕夫性寬簡凝厚以進士起家拜禮科給事因直諫萬貴妃宮闈事廷杖出爲江西參議尋致政歸家居恂恂無賢愚皆謂長者子景琦從子景明孫元冲相繼登進士景琦操行清直初官王事忤宦豎謫倅大名終桂林知府景明嘉靖初以輔導功詔起佐理會病卒贈太子太保禮部尚書文淵閣大學士謚恭僖子元冲簡厚有父風以給諫歷左副都御史巡撫江西不激不阿民賴以寧謚爲王守仁及門殁後從祀勳賢祠

吳蕣字子華弘治癸丑進士以翰林爲庶吉士尋拜吏科給事中剛直敢言不畏彊禦大臣及諸貴倖稍有不法輒抗章論劾中外多尊憚之者嘗以事劾天官卿天官卿竟中傷之免官歸環堵蕭然杜門不出

祝瀚字惟容弱冠登進士拜刑部主事歷員外郎中風采才望爲時所推擢南昌知府郡附藩臬繁劇號難治瀚廉明有威獄有疑滯者無不立斷時逆濠勢漸熾戕民黷貨每有所干謁必嚴拒之郡

民賴以全濟王府有鶴帶牌者縱于街民家犬噬
之濠牒府欲抵罪傾奪其貲瀚批牒曰鶴雖帶牌
犬不識字禽獸相爭何預人事其制濠不能逞者
類如此竟以中傷謝事歸時年尚壯杜門終其身
未嘗入城干預外事

王淵字志默天順中爲南京吏科給事中成化初
嗣位時内臣用事勢張甚在朝無敢公言者淵與
給事中王徽以氣節相尚率同官陳五事其一曰
保全内臣宜遵舊制毋令預國政否則如王振曹

吉祥事敗雖欲全之無由也近有無耻大臣與之結交或屈膝叩頭或稱翁父因而鬻獄賣官擅作威信今後毋令内臣管軍管匠置立田產多蓄義子仍嚴交結之禁凡大小政事悉斷自宸衷惟與館閣大臣計議則朝政清明而宦豎亦享其福保全之道何以加此上嘉納之其年復立皇后王氏明正牛玉之罪免其死安置南京淵及巍等復以玉罪重罰輕數玉大罪四乞正典刑因詆斥執政奏入逮下獄科道交章論救命俱謫遠方州判淵

得茂州嶽普安州二人直聲震中外而李文達名爲少損歷遷順天治中歸老于家貞介溫惠鄉人稱爲長者姪宗積成化丁酉科舉人事親至孝任棗強知縣廉明溫厚有去思墮淚碑祟祀名宦從父鏞淸介素著弘治間會稽乏令各憲聞其廉敏薦委縣事大有政聲亦異數也

邢司員字宗規天順時父福以貢歷重慶教授持己教人皆有法登成化進士初令唐山拜御史歷知嶽池二郡司員爲御史按治所及務以法懲奸

貪其在廣西條上邊策十數事切中肯綮其治一縣兩大郡不以法而以恩爲民定禮制息囂訟節冗緩征愛之如子卒于池民爲罷市立祠祀焉司員性孝友親喪廬墓三年伯兄有孤子撫而教之爲之納婦居不苟取田廬無所增拓所著有先憂集仕優稿及奏議若干卷

何詔字廷綸弘治間登進士初官南工部歷郡守藩憲終南工部尚書其任司徒郎能務節省初至時帑金不滿三千既五年乃踰二十萬以勤慎服

官謙厚接物故所至克舉其職而與時無忤卒能以功名終始其卒也贈太子少保居鄉黨尤恂恂稱爲長者云祀鄉賢子鰲亦弘治間進士仕至刑部尚書

張景明字廷光以弘從子也弘治中進士以經術選充興府長史事獻帝于藩邸忠愼不渝嘗敷陳六事帝悅命揭諸宮門世宗入嗣大統以輔導功召赴京將大用之會病卒贈太子太保禮部尚書文淵閣大學士謚恭僖錄其子元濬元恕弟景暘

亦以進士爲御史當武宗駕留宣大首率諸御史疏請回鑾忤旨廷杖又劾江彬許泰冐封伯爵非制人多其直後出知潮州府尋罷歸景明祀鄉賢

費愚字希明弘治中進士初爲廷評執法無所撓時有邊將數人坐失機當刑賂權貴將釋之愚廷奏其罪不當宥悉寘諸法後出知成都廉静不擾而務以法繩奸頑竟忤當路謫戍尋放還平生甘清苦餼石不儲妻子或凍餓不以爲意成都有門人官于浙知其貧甚固請過省中宴欵累日乃微

以交關事諷之愚正色曰爾乃視我爲何如人郎曰拂衣歸遂與絕交郡守延爲鄉大賓讀法請教愚曰公刑太苛歛太急守爲面赤其介直類如此子思義精於醫亦端慤有父風而卒無嗣人以爲天道無憑云 鄉賢祀

汪應軫字子宿登進士選庶吉士當武宗南巡同舒芬等抗疏以諫跽門廷杖幾死出守泗州泗民惰弗知農桑軫至首勸之耕出帑金買桑于湖而植之募桑婦若干人敎之蠶事郵卒馳報武宗駕

且至他邑徬徨勾攝民皆塞戸逃匿軫獨凝然弗
動或詢其故軫曰吾與士民素相信即駕果至費
旦夕可貸而集今駕來未有期而倉卒措辦科派
四出吏胥易爲奸儻費集而駕不果至則奈何他
邑用執炬夫役以千計伺候彌月有凍餓而死者
軫命縛炬榆柳間以一夫統十炬比駕夜歷境炬
伍整飭反過他所時中使絡繹道路恣索無厭軫
計中人陰懦可懾以威乃率壯士百人列舟次呼
諾之聲震遠近中使錯愕不知所爲軫麾從人速

牽舟行頃刻百里遂出泗境武宗至南都諭令泗州進美人善歌吹者數十人蓋中使啗軫而以是難之也軫奏泗州婦女荒陋且近多流亡無以應敕旨臣向募桑婦若干人倘蒙納之宮中俾授蠶事實于王化有裨詔且停止肅宗登極召還給事中去泗之日父老送者無不泣下在諫垣凡上三十餘疏悉關切體要其最大者如言新建伯王守仁心跡甚明不當以謗掩功沮將來忠義之氣刑部尚書林俊當納其言不當聽其去孝惠太后發

引不當由中門與獻帝尊崇不當過禮並侃侃爲中外所誦然竟拂當路意出爲江西僉事又以執法忤廵撫棄官歸已而臺省交薦復起督學江西其教條一本躬行士皆信嚮尋丁外艱歸遂絶意不復出矣家居孝友廉介瓶無宿儲親黨有貧難倡義周之凡鄉邦利病必盡言以告有司未嘗干以私晚歲陶情于酒人謂其外常醉而内常醒蓋靖節之流與故其卒也鄉人倣靖節例私謚爲清獻先生祀鄉賢

劉棟字元隆弘治戊午舉於鄉正德辛未成進士選庶吉士授編修丁丑會試分考所錄皆名士嘉靖改元議大禮張璁首倡繼統之說以迎合上意舉朝不可棟同諸詞林抗疏爭巳伏闕大哭聲振内廷世宗震怒盡收朝士詔獄摘首事以下成杖有差棟與焉創甚死而復甦尋復原官陞春坊中允因璁夙憾遂出湖廣叅政分守武昌人疑儒臣不諳吏事而棟所至剔弊除奸以練達稱久之遷河南左轄某州守以忤兩臺故坐贓繫獄數年前

後避嫌不决棟得其情立出之在汴三年一意廉
靖自持擢南太僕寺卿解任時司積有羨鏹分毫
無取轉太常卿尋擢南京兵部右侍郎復以引年
致仕而卒賜祭塟後學使阮鶚檄祀郡鄉賢
蕭鳴鳳字子雝童時即奇頴占對賦詩出語驚人
弘治甲子鄉試第一尋舉進士授御史屢疏劾總
兵江彬申救胡副使世寧皆人所不敢言出廵山
海諸關邊吏悚慴有傳武宗將行邊捕虎乃抗疏
言不當賤民命而貴異物玩細娛而忘遠圖因及

總鎮以下遞相揞尅之狀先是權貴人多冐奪士卒首功前御史盡爲紀驗鳴鳳悉奏革之權貴人雖切齒顧無隙可乘尋乞歸省踰年起督學南畿至則飭科條絶請託其校士必以行檢爲高下不徒以文士亦凜凜不敢犯南中有陳泰山蕭北斗之謠陳謂先提學陳公選也遷河南按察副使仍董學政凡所措注一如南畿當軸者有所屬不得行嗾言者劾其過嚴遂得調當軸者去位復督學廣東其秉公持正曾不以權挫少沮然竟齟齬弗

達而鳴鳳亦倦遊矣遂歸家徒四壁不問生計華亭徐少師偕其所拔士也視學過越造其廬鳴鳳已寢疾見之第曰子升勉之華亭亦唯唯執弟子禮惟謹其能以師道自重如此歿後三十年武進薛應旂來視學獨表其墓亟爲祀鄉賢云所著有靜庵文錄詩錄敘錄杜詩註凡若干卷

諸大綬號南明嘉靖丙辰進士第一人是時臥龍山鳴歷官翰林終吏部右侍郎大綬狀貌修偉而豈弟和坦好推轂士類其立朝不激不隨有公輔

之望侍穆宗日講六年每進講剴切詳盡上注聽焉方屬意大用會上崩大綬亦病卒後數年贈禮部尚書謚文懿祀鄉賢

徐甫宰字允平童時嘗刲股療其母既長以産讓其兄議論慷慨常以奇節自負嘉靖癸卯舉于順天久之授武平令武平爲盜藪號難治多方拊循遠近畏懷諸寇亦傾心受約束賊有負險以叛者督撫將發兵征之甫宰單騎詣其巢曉以禍福賊羅拜泣下即解甲降居武平六年復改程鄉其治

一如武平又用計平石窟俘徐加悌縛林朝曦諸
巨賊斬首千級以功超拜按察僉事備兵潮州潮
當山海間土賊島民相煽亂甫宰開誠釋從撫勦
互施潮境獲寧然竟以勞瘁嘔血歸卒于家武程
及潮並建祠凡十餘所水旱疾病有禱必應云
潘壯號梅峯嘉靖壬午舉人癸未登進士授南京
河南道監察御史上章建白耿耿不阿巡九庫革
常例之費巡下倉禁交通之弊政聲嘖嘖劄令綰
數道印綬循次總理剖決悉當薦楊邃庵王陽明

蕭子雝於朝皆一時大賢武臣王邦奇誣織侍講葉桂章上疏救之詞甚剴切丙戌秋奉命按治江右首去贓墨郡邑肅然正一眞人張彥頨請建府第朝命已下壯以工費浩繁奏言兵凶之後民力不敷諫章屢上終止之士民感佩構祠有像祀焉時經逆濠之變軍無見糧壯上疏爲權宜計以逆產給之上俞允四方歡聲動地丁亥春權貴有憚壯者追論李福達大獄事繫獄壯仰天嘆曰吾今不媿斯職矣朝論不平交章赴救始罷職歸里爲

人忠義孝友時人稱爲五備先生及世宗遺詔命將議大禮大獄建言得罪諸臣盡加卹典至隆慶三年六月贈太僕寺卿賜祭一壇入郡庠鄉賢祠

馬文正字隆南父華早歿文正年七歲每問母曰父以何病死曰因誤於醫耳遂泣不止事母備極孝養有微疾即不食必迎良醫至痊而後食承歡寡母四十餘年上壽終以明經爲粤和平令邑人素好鬬急則食斷腸草文正至則命民間以草根抵贖鍰民爭取之盡絕其種邑中遂無殞命之風

尋以瘴病卒于官士民感其恩德按院爲具題旌獎祀于和平縣庠

茅宰字國卿嘉靖中進士知六合縣守潔政和爲一時循吏之最遷南刑部主事未幾卒六合人祠祀之宰資性頴敏而好學砥行卓然以遠大自期乃竟限于年識者惜之祀鄉賢

朱公節字允中嘉靖辛卯鄉薦初爲彭澤令終泰州守爲人方嚴簡重而心事平坦幼孤事母甚孝旣入仕即以父產悉畀其弟喪母時年已六十猶

哀毁踰制病越俗居喪宴賓非禮一切用齋素戒
子孫世守之先後家居未常干謁有司期時即禮
于廬墓歷典州縣自常俸外無妄取而一意爲民
捍災興利有古循良之風在彭澤尤久邑人至今
祠祀之所著有東武集祀鄉賢

俞子良字汝誠領順天鄉薦潛心聖學力敦古道
平居無戲言戲動議論侃侃務砥礪名檢未嘗以
一事干有司初教諭欒城欒俗不知有禮則諄諄
以禮誨之未冠者爲之冠有婚喪者爲之品式使

遵行焉鄉人感而化之雖婦女亦呼爲俞夫子云

遷肅寧令治邑事如其家甫踰年百廢具舉臺使者待以殊等然竟以勞瘁而卒柩還之日蕭然敝篋而已所著明學錄通禮節要尊親錄鄉居司牧二集並典切可訓

山陰縣志卷第二十九

人物志七

列傳四

明趙魯字尚確宣德初領鄉薦歷任教諭秩滿不調恬靜自如正統十二年陞國子典籍日端坐觀書倦則鳴琴自娛祭酒陳敬宗謂人曰趙尚確仕不近利學不近名對之坐談簡淡有味令人興起令之黃叔度也敬宗寄魯詩充棟羣書萬玉林縱觀窺見聖賢心每隨松影移瑤席時對梅花奏綠琴

但學古人敦素履不同時俗論浮沉公餘最是怡情處青鳥時時送好音久之遷典簿秩滿引年致仕行李蕭然惟囊書數百卷而已

高閏字居正號易菴年十四補郡博士弟子員父貴珣遭誣枉合屬徙遼東廣寧瀕行有范夔者倉卒詣檻車以舊貸白金八十兩來償珣知其窘謝曰某自揆是行無媿于心當有還時他日償未晚也閏隨父戍惟誓爲學立身以贖父脫籍聞者壯之時遼左尚未設學賴都御史李經文上疏請附

山東省試正統甲子中式明年成進士父母兄弟皆南還由是遂左文學日盛循例附東省鄉試學者建祠祀之初授大常博士出使朝鮮聞以文學威儀洎天使館俟其君長郊迎乃出見能以議論屈其國人比還御其魄贈惟採皇華集進奏後以御金名其亭歷官刑部郎中時都御史李秉子瑗宰邑坐贜竟按之如法畧不爲大臣地武臣侯儀被讞懷金求免終發其罪後李公掌天官柄黜陟乃以瑗前隙免闓官家居三十年讀書作文老而

不倦有文集五十卷行世

胡文靜號崙山弘治甲子舉人正德戊辰進士選南陵令革弊除奸考最調吳縣一如治南陵時擢御史奏撤天下鎮守中官未幾差視光祿言通匱乏祛積蠹數事當旨榜示通衢巡按福建同王文成經理入閩兵事其政績見於明紀寶訓實錄及陽明集中又福建有眞人廟京師每歲遣送袍笏公私並困文靜先期具疏請以從便實附爲地方省費訪古名賢尤加意表揚嘗梓忠定遺稿表監

門故里至海寇王宏瑪流毒浙閩廣三省特以計擒渠魁餘黨悉平加一級擢南京光祿少卿以迕中官歸卒

高臺字居賢號清江中弘治壬子鄉試癸丑登進士初授南京刑部主事卽闢圜室高獄床給藥糜法司有疑獄嘗委覈實必務得情故都人號曰鏡子高蓋況其明也陞郎中時暑月寬刑恩典僅行於兩京無及外省者臺請遍行天下迄今以爲常生平慷慨敢言疏陳浙江鎮守弊政十餘條悉見

採擇弘治甲子以內艱歸竟弗出惟坐小園染翰操觚亹亹忘倦所著有書經辨義小雅高論名將題咏時事感論各一帙怡老園錄六帙

〔高廩〕字居豐號畏巖少以文行見稱兄閏弟臺皆相繼登甲科廩以母凌氏老絕意仕進常從朱肖齋純學爲唐律以范至能菊花舊題賦詩百絕既而大肆其力製成篇什釐爲三十卷雒陽劉半齋名爲探驪蓋取劉禹錫探驪得珠意也過括蒼經龍游邑尹袁君文紀聘修邑志復延主社學凡童

冠而下先令講誦虞書以所編故事續編一十二卷月取一卷教之歲久懷歸作歸山詞以見意自是不復他出杜門著述追懷郡中古蹟分爲十類用各體賦詩二百八十首爲會稽懷古集又有詩衡史學稗雅提徑及明季朝野日記故事醉適雜言諸書

姚鵬字九霄號龍川正德戊辰進士居刑曹務寛大惟涉瑺人則執法不少縱朝論重之慮囚江南出寃獄百餘案遷粤西臬副治因其俗科條簡便

攝學政兩載多士忻戴之孫逵有聲黌序置義田
教多士有祖風
吳兌字君澤號環洲識膽沉雄爲諸生時適越中
倭亂鄉人率走匿獨部勒宗黨結栅禦之麻陽戍
卒剽市仍執其渠告主者以殉嘉靖己未成進士
爲武選郎見恩廕冒濫中官特甚乃持例分別疏
核司禮監遣人詰曹求易疏兌怒斥之欲以遮奏
聞司禮懼謝時武爵詭濫爲之置籍七百宿弊蕩
然大盜曾一本嘯海上閩師以殲魁捷聞朝論且

行賞兌日魁之眞僞未可辨也請覈實後一本果未得凡邉功覈而賞自此始嶺右有吉田之師兌謂賊入楚其徑有三檄諭土司而禦之費省兵不勞文欽貢之議決策而定陞山東按察副使飭兵覇州塹途布壘盜馬不得驟陞右僉都御史撫治宣府等處虜要害築外十三邉先是宣府屯糧溢故額至二十一萬軍多積逋乃疏請赦逋流人歸業者給以牛種由是耕者雲布粟價賤于中土嘗言火器之利造大小砲練爲陣法計督撫九年府

庾充牣歲省太倉太僕銀穀十萬隨囘部從上大閱進陣圖尋以右都御史陞總督擢兵部尚書太子太保廕一子世襲錦衣衞千戶及入掌兵部事數月請骸骨歸兌生平行義好施俸廩所入緣手而散至如敦崇理學友愛伯兄尤人所推重歸鄉十餘歲未嘗入郡見長吏萬曆丙申四月卒賜祭葬祀鄉賢

趙錦字元朴號麟陽由餘姚遷山陰嘉靖甲辰進士除江陰令有惠政擢御史江陰人戴之迄巡按

江左有寇掠太倉朝議江淮設總兵官錦言小寇聚不足以煩大師急請罷省費不貲清雲南軍政時以元旦日食疏引春秋之解陰盛陽微極詆閣臣嚴嵩怙寵納賄蠹國害民忽緹騎械繫下錦衣獄搒掠備至而不死除籍歸穆宗踐位起河南道御史後巡撫貴州苗蠻難控示以朝廷恩威反側者漸平萬曆初歷南京禮吏二部尚書江陵相張居正秉國竟挺然無所依阿又議朝政得失有忌而劾之者因致仕復起左都御史念紀綱重地侃

侃不回議文廟崇祀力言文成白沙當與其列攺兵部尚書丁母憂歸居六年齒七十有六矣詔起不得已就道至姑蘇而卒贈太子太保謚端肅

高克謙字子益嘉靖乙丑進士授工部屯田司主事提督易州山廠事捜剔諸弊殆盡時廠外有老狼每出爲民患克謙乃爲文檄山神使之自致未幾狼近前俯伏遂殪之民立殪狼碑以紀其事遷山東按察司僉事會濟南通判某居官侃潔按臣屢以賄要之不得欲下其績克謙曰是人撫字心

勞乃駕之簠簋不飭乎卒注上考按臣怒遂劾以
比周越數月言官有論救者尋補廣西左江道僉
事時土官黃金鑣以事入獄金鑣素豪富願進鏹
萬餘冀減等乃竟論如法已而苗民爲變詐就欸
克謙集諸將議勦忽昏暈不能言猶援筆書一勦
字而卒時年六十有二治行最廉而篤于學所著
有詩文二十餘卷

〔祁清〕字子揚生有異質語默作止悉中矩度嘉靖
庚子登賢書丁未成進士除蜀保寧府司李讞決

精明重慶賦役法不均部使者與勾校悉發其奸爲畫便宜法令所名一把連是也陞南京禮科給事中時軍興費詘疏言弊在三冗舊制各門關庫局惟內臣正副兩人今動以百十則官冗各監局匠民工可一二數而歲支粟溢二萬則食冗孝陵與諸衛官軍伍缺而糧存卽伍存十九老弱則兵冗上納其言著爲令咸寧侯仇鸞怙寵數其罪狀藩臣貪而僭卿貳露章彈劾一時多忌之出知福州海賊至四境之民爭門而入或下令毋內民淸

特云不可亟內之活數萬人身乘城固守賊稍稍引去會丁亥鄞補韶州守擢貴州副使苗人楊進雄立猶子珂爲後而進雄有子相格鬭珂據六洞以叛淸召裨將薛近宸除其黨數輩而使諭珂珂感泣自縛詣吏旣而王世麒以淸浪叛宋廷武宋鰲以草塘叛王阿利以平代叛乃策曰世麒自爻漏誅宜致討宋禍起爭襲阿利負固以偏師間道取之足矣開府如其言衆苗皆平巳遷湖廣參政辰州城圯可褰裳而登急慮材鳩傭閱月雉堞翼

然矣五開銅鼓諸衛其供億皆取給於楚五溪險惡舟多敗請易徵金更爲規制遷陝西右布政使以病卒篋中幾無以爲殮祀鄉賢

〔孫鑨〕字文中忠烈燧之孫嘉靖丙辰進士授兵部主事歷員外郎中世宗時抗疏極諫勸上無爲左右所蔽引趙高林靈素等爲喻宦寺客格之遂歸隆慶初爲南吏部郎歷光祿卿時張居正留相鑨投袂而起曰宰相不奔母喪豈能靦顏與之立朝陛乎因乞歸萬曆初歷南北吏部尚書正類莫不

吐氣然以守正大致柄鑿遂乞休踰年卒贈太子太保謚清簡二子如法如洵並孝友〈如法字世行年十八領順天鄉薦萬曆癸未成進士授刑部主事時神宗册鄭妃爲皇貴妃而皇長子之母無位號國本未定如法抗疏極論并救前諫者姜應麟沈璟勸上亟立皇長子爲皇太子然後發册並封皇貴妃疏入上震怒貶潮陽典史後册立竟如其言惟私居忭舞而已其助築海塘梅市至浪橋越人德之病卒贈光祿少卿諭祭葬所遺書有古春

秋傳六卷廣戰國策十七卷如洵號木山初爲諸生常于父墓旁課業懼違母朝往夕來以盡色養壬子中順天舉人癸丑成進士授刑部主事陞員外郎時以母老遂乞歸先意承懽庭產蓮一莖五臺母壽百歲而歿廬墓有雙鶴棲其塚皆孝感所致壽補工部員外郎出守池陽恩威並著遷山東副使條議漕務十事夙弊一清擢兵巡道駐濟寧築河疏閘賑饑民禦土寇爲東撫所忌致仕歸以壽卒如法嗣子有聞字子長以廕仕初痛父貶所

觸瘴而卒廬墓三年母史性嚴能委曲承懽及母病甚妻來氏方產絕兒乳哺姑至羸不能存有聞傷感終身不復娶光宗嗣位赴闕伸父忠詔贈官賜葬又能重義好施成親之志可稱孝義兩全

徐渭字文長號天池甫髫年穎異過人及補弟子員餼于邑縉紳或以其駘蕩鮮契合者既而負氣自恃省試數不售喜作古文詞觸筆而成會浙督少保胡公宗憲以長至時獲白鹿于寧波定海間期以表進渭爲繕草雅而確世宗覽之大悅眷隆

少保而少保始重渭由是聲望藉藉矣少保居督府體嚴峻諸將吏望之懾息渭一以賓禮自重戴敝冠衣澣布縱談天下事督府以其知兵延之幕中計設閒諜誘致王徐諸寇瀕海得安毋出幕狂飲雖夜深必啓戟門以待久而彌重也及督府下請室渭懼株連心鬱鬱得狂疾嘗以錐刺耳入數寸椎擊腎肉爲裂血淋淋下不死後擊殺所續妻入獄法當死亟欲自殺得里紳張公元忭救解竟出獄遂恣遊天下山川酒酣耳熱輒爲狂歌旁若

無人而意愈豪文愈放自京邸歸鍵戸不見一人
獨摟一犬與居絕穀食者十稔或詰之曰吾食穀
久偶棄去耳庸何傷嗣是貧滋甚多作詩文書畫
鬻手自給棲敝椽藉藁而寢視世無足當其意者
十年內僅于張公元忭死出而一哭其他絕跡焉
年七十三卒渭貌修偉音如鶴嘹中夜嘯呼羣鶴
應之讀書有深思自謂得力于楞嚴莊列子及素
問叅同契世亦謂其能貫串經史融以己意同郡
陶公望齡云文有矩度詩尤深奧往往精于法而

畧于貌楚袁公宏道則曰胸中一段不可磨滅之氣皆英雄失路投足無門之悲故其詩如嗔如笑如水鳴峽如鍾出土如寡婦之夜哭如羈人之寒起當其放意平疇千里偶爾幽峭鬼語孤墳此可謂確評矣嘗自言吾書第一詩二文三畫四識者許之纂會稽邑志雖得之邑人馬堯相而特爲編摩加以列傳今與其所著並傳所著文長集闕篇櫻桃館集註莊子內篇參同契黃帝素問郭璞葬書四聲猿逸稿四書解首楞嚴經解

王元敬字廷臣號古林嘉靖己酉舉於鄉己未成

進士知許州以清能著遷部曹時相臣張居正執政荆郡缺太守銓部尤加詳慎執政曰顧煩王公元敬將行聞楚中方面官謁執政皆仄行侍坐駭然曰我往當以敵體禮正之所請事有不可輒爲裁抑蒞任甫較士按籍唱名至執政子以僮應公曰執政子自貴奈何以僮應而辱多士乎乃惶恐趨謝時上爲執政治第諸大吏助金多以千計元敬獨以數金而已人以是多之尋按察山東誅大奸朱孔學等又諸省決大辟歲至百十惟元敬論

東省囚止六人御史少之弗顧也陞廣東方伯奉詔方以度田溢額爲功乃檄屬縣據籍爲主毋妄增島人數百坐棄市廉知其有寃多出其囚及爲應天巡撫刼墨吏數人吳中大治未幾罷歸生平厚重謹慤如不能語遇大事輙果毅過人衆莫能奪卽如楊忠愍死交遊多引避獨持杯酒坐西市引滿爲訣殆可謂仁勇者與年八十有七卒祀鄉賢

張天復字復亨號內山華亭徐文貞督學得試牘

大奇之置第一長吏委以邑志事山陰有志自此
始嘉靖癸卯舉于鄉丁未成進士授禮部主事以
制誥之撰文者改吏部驗封司主事入典是役歷
陞禮部儀制司郎中時世宗英察而儀制又多事
若嘉善公主下嫁穆宗大婚景王就國並大典而
奉職皆稱陞湖廣提學稱得人調雲南副使佩臬
司篆沐氏不法以祖制戒之巳而武定苗蠻亂詔
進討監左軍用象戰之法禳以氈衫鐵鐙出入洞
箐間擒僞王風繼祖俘名酋以十數沐氏輦金巨

萬餌之欲以冐功竟不許沐氏賂當事者齧齕之因被逮雲南父老猺蠻輩投省臺爲陳枉狀旦夕問餽如視所親而羅織事詰之無影遂免歸未幾伯子名元忭者中殿試一名官修撰請以己官贖父職詔復原官壽六十二卒所著有鳴玉堂集湖廣全省志山陰縣志廣輿圖考諸書行世

俞洛益號南石爲諸生時設教越中生徒多奇士如太師朱賡鼎元羅萬化張元忭皆出其門嘉靖庚子舉人己未成進士授廣州府推官獄多平反

以治行卓異陞御史督理屯田侵佔爲之一清旋殲盜魁袁洪民獲安堵乃以年例陞福建僉事辭職歸里救山人徐渭出獄士論賢之

俞意字欲誠與張內山羅外山深交因號中山登嘉靖二十二年進士授武選司主事以忤權相遂歸性廉靜不事生產延五經名士于家昕夕講究鬻祖父遺產刻四書五經集註至大學中庸則加或問易經則加程傳詩經則加小序春秋則加左傳公羊穀梁較訂精詳學者便之

周祚字天保嘉靖丙戌進士授東阿令邑號罷劇生聚教訓煦煦如家人東人悦之丁父憂補來安邑人大悦徵拜兵科給事中疏陳任將賑饑弭盗均役省兵稽尺籍清虎弊慎祀典飭荒政覆首功十數事皆切覈救時巡視九邉復陳邉兵芻糧大計上悉嘉納之還至三河蒙犯風雪有以貂裘進者峻拒之遂中病手足攣瘻免歸病愈益肆力鉛槧其詩似少陵其文如河流下龍門積石奔激怒號攬其詩文志可悲也

朱賡字少欽號金庭年十七督學薛方山取冠諸生嘉靖辛酉舉鄉試隆慶戊辰成進士由庶吉士歴陞侍講充會試同考官得鄒南臯卷曰子他日當爲骨鯁臣後果劾閣臣張居正賡嘗充經筵日講官上方冲齡宮中集花石爲講宋史花石綱之害上退誡左右曰講官之言良是後以尙書兼東閣大學士備陳礦稅爲害楚藩有宗人華樾者奏其王非恭王子不宜冐爵楚王劾宗人疏亦至部議互詰不休賡寄揭上請亟正其誣居無何妖書

事起太畧言帝欲易太子故特用朱賡賡者更也帝怒命緝其人株累甚多急移書閣臣沈一貫論磔皦生光其事得寢又抗疏請釋逮繫推官華鈺等十餘人釋御史曹學程罪天下翕然稱之蜀黔交攻迄無已時又疏請寢兵使兩地不受鋒鏑雲南焚燒中使楊榮人心洶洶請從寛政由是六詔無異志賡自秉國來遇恩必辭及病危猶疏時政以當尸諫卒年七十四贈太師謚文懿所著有經筵奏疏及荼史敦庸集行世

馮應鳳號鳴陽萬曆庚辰進士令永豐永豐襟江繞湖田多水患其民險而健吏多舞文甫下車與諸椽約莫敢骫法因進父老問水所患苦狀築堤捍流皆成沃壤及補御史巡按江右適無歲力爲百姓請命兩免得以改折其讞諸郡獄詞必務平反至今刋布爲爰書式時稅閹肆虐即明束以制巡視京營請劾將領汰老弱營務爲之一新大計掌河南道所廉察出入意表其理長蘆鹺務值民竈相訐爲清其田俾商竈兩安遷太僕寺少卿病

卒人謂其篤于天倫居官所推奬皆名吏卒年六十有二無子

陳燧字葆光號耐菴中萬曆己丑進士初知安平調繁寶應邑滂善潦所引漕渠數起大役燧解煩息苛與民爲無事時東濬河神臺莊北開張福海口發丁壯數萬人徵赴絡繹而民若不知庭中清肅日召邑子弟爲講課躬自勸率文教大興自嘉隆來邑人無上公車者是後殷殷多以薦起矣尤崇行義恤窮乏之所推食士凡五十餘家前令耿君

嘗規畫六事邑人稱善而曹吏謀害其成煃下令
永行之召爲南京四川道御史時泗州陵寢漲没
上震怒將洩淮水其下流諸邑勢必爲魚鱉矣煃
上疏切諫廷議韙之卒鑿渠而猶幸周家橋不決
全活甚衆礦稅起卒其僚累疏力爭又所覈京畿
浮費歲省部寺金至巨萬以母訃遂乞骸歸尋病
卒季子至謐邑廩生因崇禎甲申之變遂不食餓

隱逸以終

朱燮元字懋和號恒岳萬曆壬辰成進士授大理

評事慮囚山西多所平反有囚犯殊死嚴絕其餽
特疏論殺之出守蘇州政務畢舉擢廣東督學所
取士號得人巡按御史強以二十人令與省試爕
元盡除其名及告終養十年陞蜀右轄時朝廷有
營建之事採木于蜀吏多因緣爲奸則第其木之
上下而簡料之以其不中程者給商人爲運費五
日而竣役清一省漏籍田歲抵新餉七萬五千有
奇隴右有老人授以風角書并古兵法卽盡其術
又内江有牟康民者精于數學預知黔蜀有事必

朱姓者定之及藺賊奢崇明反殺大中丞陷渝州人情洶洶時爕元方以覲赦道乃返旆治兵乘賊懈擣其營斬馘千餘賊將羅乾象來歸解城都圍賊至敘州敘州勢復合乃截其歸路前後殲者數萬定敘州復重慶明年陞兵部侍郎總督川湖陝西遂入藺州清其巢穴無何水西安氏反與奢相唇齒擊敗之會黔撫覆殁上命專征賜上方節制貴川雲湖廣五省遂用降將招奢氏等計斬崇明之子寅時方一意討水西尋以父喪歸明年仍詔總督

五省乃合三方進勦斬崇明及安邦彥等而安位亦乞降蜀地定矣因上便宜九事大約言苗漢相安不宜郡縣其地賊首安位歿無嗣朝議必欲郡縣之又上書力爭始寢其議身以勞瘁薨于黔享年七十有三凡黔蜀之民咸慟哭立祠訃聞上震悼賜祭葬燮元賦性介潔室無姬媵堂無翫好且因材任使用法嚴明御苗人一以忠信故所向成功雖天啓末年政在閹寺然勞臣之烈不能掩矣

張汝霖字肅之號雨若幼好學嗜古屢不得志于

有司江右鄧文潔試其文大奇之及入闈主考李廷機得之落卷中擬元以例監遂置第六萬曆己未成進士授江西廣昌令尋授兵部武選司主事既而副考山東以註誤罷職歸家園擁書史暇則策杖于猿厓鳥道間成詩文盈篋起南刑部視學黔方所得皆知名士晋廣西參議時猺獞亂督兵進勦得苗人龍阿者歸部下練獷卒五千號張家兵尋以病歸卒所著有易經因旨及四書荷珠錄郊居雜記行世弟汝懋號芝亭登萬曆癸丑進士

初令休寧有惠政秩滿考授福建道御史條議邊務建屯田陞大理寺寺丞歸以山水自娛而卒

王業浩字士完號㟲雲萬曆己酉登鄉薦癸丑成進士初令襄陽時楚中螟螣傷稼獨不害其境旣而陞御史尋掌首篆時中官魏忠賢甫熾凡直言者數罹罪獄業浩疏彈之疏入擬杖會震乾清宮乃止及崔呈秀希登台鉉廷議僉諧獨正色以爲不可魏黨銜以門戶矯旨削奪幾蹈不測人皆爲之膽寒獨怡然自若旣罷歸復起掌道如故後督

師兩粤粤寇陳萬鍾凌秀等擁衆猖狂南韶潮惠間乃能厲兵辦糗數戰皆捷又由漳直抵銅鼓嶂而二賊合謀以間諜離二賊心使各奔以分其勢截下歷口斷其通往賊前後授首再築連平州建鎮平縣善其後晋大司馬陳情歸養卒謚忠貞

沈綰字仲甫號玉粱萬曆丁酉中應天舉人入賀之綰慼然曰吾父母耄今始一遇竊恐娛親之日短六上春官不第選六合令蒞官歲餘不取民間一錢六合爲水陸孔道地瘠且衝沿江皆盜藪綰

任半載獲盜百餘後以失當事歡遂歸里養性讀書泊如也生平衣食麄糲無他嗜好遇臧獲下人未嘗輕叱當父母偶恙徹晝夜侍立居喪哀毁過人且建宗塚以埋族人之貧者置義田義學供祀事而振子姓之才可謂篤實君子矣次孫胤范中康熙丁未科進士

劉永基號止菴少時見陽明先生語錄日夕深思及聞周海門先生解益恍然悟中萬曆庚子舉人庚戌成進士授宜興令先是吏胥以假印乾沒稅

糧積至七千餘甫下車卽爲摘發時洞庭大盜潘十三等聞風遁去竟執之境內蝗設法羅捕而有母王淑人吞蝗入腸願拯民命以疾卒故丁艱去士民戀戀爲築望來臺遺帶樓以志思慕旋建吞蝗娘娘廟誌母德也後補贛令贛故衝邑兵民襍處一日營兵以缺餉譁逐主將擁衆二千劫府獄矣乃挺身出暫寢其鋒已而私計曰非用倡亂人以定亂不可遂勸一隊長反罪爲功率衆入謝督撫縛其首事者七人正法及邑大饑設六廠財賑

又貴糴以來遠賤糶以平價𩔗民得甦擢兵部車駕司主事歴山石兵備僉事會婦寺交亂朝中諸名臣相繼被斥自知不免即掛冠歸竟以巡關使者論劾削籍後逆璫既誅起爲陝西洮岷道經營邊事盡瘁而卒從祀鄉賢其宜𩔗二邑俱入名宦祠

祝彥字元美號金陽萬曆元年領鄉薦任江西德安令以惠政著捐俸建儒學教官三署及有催徵便民錄至今遵之陞潁州知州爲治不繁苛甫二

年即請終養孝事父母並享年九十有一其所著

有祝氏事偶及談鯖侶鶴堂詩集曾孫弘坊成康熙庚戌進士

金蘭號楚畹萬曆戊午舉人乙丑進士授婺源令

時僞學禁嚴議毀各州縣書院克飭而婺源爲朱

夫子闕里多方護之得全庚午爲應天同考官取

吳繼善等皆有重名及歷監察御史多糾舉官邪

並闢大體流寇猖獗上便宜四事按陝西彈壓有

方未幾以丁艱歸後巡長蘆懲奸剔弊故習蕩然

一變擢應天督學御史不抑單寒不通請謁江南

士人頌之以少京兆致仕居鄉施卹貧寒無所恡
惜孫煜成順治戊戌科進士
吳孟明字文徵號禎洲承先世廕爲錦衣衛千戶
進鎮撫司理刑時魏忠賢盜國柄將殺朝臣之異
已者鎮撫司許顯純掌刑篆阿附忠賢久矣孟明
與之同事惟曰決獄貴乎平允會中書汪文言下
獄忠賢欲假文言嗾興大案爲一網打盡之舉故
顯純于會訊時刑掠文言而十指盡折其甲且曰
高攀龍楊漣左光斗李邦華等必是汝黨時文言

昏絶似有應聲顯純即手書高攀龍等四十餘人姓名將以成獄孟明不勝懷憤呼文言曰汝昏絶矣何得隨口以諸文言數而方甦願看名单曰諸人實無交涉大哭以手碎之孟明歎曰殺人媚人吾不爲也故攀龍傳中謂賴吳錦衣力得免自是爲羣小所忌借他事逐之罷歸乘扁舟忽舊邏卒叩謁孟明詢以何事卒曰特遣伺察周汝登劉宗周輩耳乃諭之曰昔夏門亭長知憐李固長安石工猶賢司馬今爾曹寧獨無心耶卒唯唯而去崇

禎改元晋錦衣衛掌衛事先是文選郎李彬職方郎鄒毓祚拘繫數年李彬病死獄中矣具詢時坐鄒毓祚贓少上怒對曰鄒毓祚原叅三欵已奉其二臣安敢法外苛求且臣果有骫狥何不坐贓于已死之李彬而乃坐贓于現存之鄒毓祚耶于是蒙報可又蘇州府推官以復社事指張溥張釆等爲亂魁并及錢謙益瞿式耜乃爲具疏解救掌篆不及二年即解任進階榮祿大夫享年八十而卒

〔張焜芳〕號九山登崇禎戊辰進士爲南平令有聲

幹聲陞南戸科給事中其斥幸閹推讓臣褒遺忠等疏凡十餘上羣小深忌之尋借事重擬上爲原其素行令改擬以引薦不稱旨鐫級歸適意林泉與劉宗周同修證人社講學談經澹然相得壬午賜環北行至臨淸遇難不屈死之妻金氏赴井死

王應遴號雲萊萬曆戊午以副榜恩貢閣臣葉向高薦入中秘修兩朝實錄玉牒晉秩大理寺左評事奉旨開館纂輯適熹宗嗣位魏璫亂政乃輯眞西山大學衍義首列祖宗防近習一欵以獻觸璫

怒廷杖一百幸葉向高韓爌力救免死削籍崇禎初年以執政徐光啓之薦起原職仍脩志曆會典諸書後加禮部員外郎甲申三月死之

祁彪佳字弘吉號世培年十七萬曆戊午舉人壬戌成進士授福建興化府推官胥吏以年少心易之見其理案牘如老吏乃共驚歎時藩司兵餉稽積致大譁諸長吏懾息不敢出獨馳諭之期以五日給餉復計縛爲首者數人治之後授御史巡按三吳訪魁惡天罡擒殺之且定漕解淸隱租置役

田閣臣忌其讜直即告歸居八年從劉宗周講明程朱之學起河南道時劉宗周、金光辰以直言蒙譴抗疏留之及舉計典銓郎吳昌時壞法遂劾之已致政歸甲申三月崇禎殉社稷次年彪佳挈妻子入雲門至所居寓山笑曰山川人物固屬幻影而人生已一世矣時夜半遂赴水子理孫方于夢中聞開戶聲驚起視之得案上別廟文并遺囑絕命詩奔水際求之不得頃之東方漸明見柳陌淺水露角巾寸許端坐而卒猶怡然有笑容同時殁者附見于後潘集周卜年皆讀書慷慨與會稽王毓蓍善自甲申聞崇禎之變每以滅寇報仇自許既而行吟失志王毓蓍自沉死集哭之大慟作祭文粘壁間次日五鼓集袖中攜二大石及詩文一卷自投于五雲門外之渡東橋屍浮出好義者醵金收殮且爲置墓田歲歲寒食祭之周卜年初聞毓蓍皆自沉乃曰我亦當死乃出市沽酒飲大醉行至白洋龜山下躍入水死之朱瑋字鴻儒即孝義先生朱文瀾之七世孫時以寇陷北京爲憾年二十四歲

寄居梅里尖地方赴河自沉死倪舜平賦性謹樸以醫糊口甲申年三月聞懷宗之變義不苟活夜置酒召里中少年痛飲語之曰吾明日必死于勞家塢祖墓旁家有二缸盍爲我覆而埋之至詰旦悉散室中所有即赴死趺坐缸中口占絕命詩并誦佛經半晌而死

何弘仁號書臺生平以名行自勵崇禎丁丑科進士初授建平令丁艱補高要令兩邑皆著廉惠聲及聞崇禎死社稷馳驅在道經白峯嶺乃以書繫

衣帶中曰死臣分也敢愛吾身乎吾兒宜食貧安分守先人志遂卒于嶺下

王思任字季重號遂東少時穎異黄洪憲見其文曰後日必以文章名世年二十成進士前後知興平當塗青浦三縣歷袁州府司李所至有能聲以得罪上官被鐫降後歷刑工二部主事出爲九江僉事遇寇亂善于料敵兵民賴之以請告歸思任通脫自放遇大吏不爲拘束好作文牘炙人口時人目以東方生一流聞崇禎之變即棄家入五雲

山卒年七十有二世稱其詩歌書法與董思白陳仲醇相伯仲所著有淸暉閣文飯等集行世

嚴起恒字震生號秋冶天啓甲子中順天舉人崇禎辛未進士初授刑部主事歷郎中陞廣州知府旣遷攜眷過嶺行李蕭然所攜惟書篋而已甫至蘄黃遂調衡永道時值獻賊攻破衡州起恒至南寧府悲國祚已亡偏安難立遂赴水死撈屍半月無獲忽一日虎負以出登山岸置屍平坦處回旋其旁數十次隔岸鳴鑼逐虎虎搖尾去衆爭視之

則起恒之厥也猶覺面貌如生士人彭姓具棺收
殮即葬虎所勒石誌之曰嚴先生墓
皇清胡兆龍字予袞號宛委生有異兆父拱樞夢泰山
神抱送曰以是爲汝後誕時空中隱隱有鼓吹聲
爲兒時善屬對或吟咏詩句出口輙成初拱樞選
授晋陵川丞挈家之官獨留京師應試年二十順
治乙酉開科中式次年丙戌成進士庶吉士習清
書凡一年即通徹熟練番譯精工尤善古文詞暨
典制史籍禮樂刑政兵農錢穀沿革損益之故洞

如也丁亥授弘文院編脩戊子典試三楚時湖南甫定風教未振司事棘闈務黜浮崇雅根理學崇先正一時稱得人父拱樞考績報最擢司城旋京盡力孝養克盡子道癸巳
世祖章皇帝御試詞臣第一擢侍講學士是年纂修
太宗文皇帝實錄歷任秘書院學士日侍禁廷叅與密勿小心翼翼積誠無欺且學博才裕言語文章圓轉無滯
上以是留之左右凡駕幸瀛臺或駐蹕南苑未嘗

不從尋充會試副總裁冀與遴眞才以得人報國
校閲勤苦遂患怔忡所取盡四方名宿及充日講
官時以大典初舉首講大學一章有詩恭紀其事
旋充纂脩　聖訓教習庶吉士丙申
上命署司農案牘塡委甫二旬勾校一淸滿漢咸服
其才且通淸書語文批答肆應如流繼舉京察
上命署銓政謝絶苞苴門無私謁廉平處分中外咸
嘖嘖稱異考滿加大宗伯尋以察典自陳
上溫諭有才品端練簡署銓政不必求罷之旨得君

致治誠足尚焉無何

世祖皇帝升遐臨喪慟哭是時積勞成疾哀毀骨立

今上登極特恩簡任吏部左侍郎復涖銓政不數月

以疾予告遂致病劇竟不起時年三十八歲自弱

冠登仕受

主眷最渥奉職忠慎殫精匪懈特

賜祭葬封廕惜乎天奪之年猶未竟其才云

王慶章字有慶號聖水右軍後裔也順治戊子己

丑聯捷成進士時兩粤未入版圖

朝論亟以定南平南靖南三王師旅入粵
特簡巳丑新榜進士三十餘人任兩粵道府授慶章少
叅備兵海南毎向藩府策決機宜以安撫爲重活
人甚多一時將士皆憚其持正尋會題攝全省學
政文風丕振粵東舊有餉頁餉生二項甫閲册而
醜之或勸以沿例可致多金正色曰是沮士氣也
余雖貧不出此生平慷慨不事生產乃以封疆未
定勤勞烟瘴中遂卒粵士感之醵金返柩

山陰縣志卷第三十

人物志八

理學傳

（補）舊邑志理學之人故傳缺焉後彭山龍谿親受業於新建遂爲師門盧鄭而私淑其教者嗣有張陽和及劉念臺二人忠孝卓越皆克著之躬行豈僅以道學自命者可比隆萬時講學山陰其所變化成就者又不知凡幾詎可以四人而見少耶

（季本）字明德號彭山少受春秋於其兄木遂以經

名諸生中弱冠舉於鄉尋丁父母憂家居十二年
名士俱受業其門文長徐渭其高弟也於書無所
不讀每讀一書必竟其顛末乃已已而師事新建
獲聞致良知之旨乃悉悔其舊學而一意六經潛
心體究久之既浸溢懼學者騖於空虚則欲身挽
其敝著書數百萬言大都精考索務實踐以究新
建未發之緒歷仕與處從游者數百人時講學者
多以自然爲宗而厭拘檢因爲龍惕說以反之大
都以龍喻心以龍之驚惕而主變化喻心之主宰

常惺惺其要歸乎自然而用功則有所先間以質諸同志或然或否卒自信其說不爲動始以進士理建寧務在平反無成心及召爲御史以言事謫升沉者二十年止長沙守其爲政急大節畧小嫌絕不知有世情卒以是齟齬而歸歸二十餘年家徒四壁立借居禪林以著書談道爲樂卒之年七十有九矣疾且革猶進門人于榻前講學孶孶如平居時其爲人表裏洞達無城府人人樂親之歿既十餘年而鄉人士益思慕不已相與建祠禹蹟

寺西林顏日景賢又買田若干畝以供祭祀所著書十一種廟制考義春秋私考讀禮疑圖四書私存孔孟圖譜樂律纂要律吕别書著法别傳説理會編詩説解頤易學四同凡百二十卷藏祠中曾孫璜字夔仲以明經授大名府同知文章政事具有可觀

王畿字汝中學者稱爲龍谿先生正嘉間王文成倡明理學以致良知爲宗畿首受業焉弱冠領鄉薦後試禮部獲雋不就廷試而還時文成以來學

甚衆不能徧指授屬畿分敎之文成成論學毎提四句爲教法無善無惡心之體有善有惡意之動知善知惡是良知爲善去惡是格物畿謂師隨時立教謂之權法未可執定體用顯微只是一機心意知物只是一事若悟心是無善無惡之心意卽是無善無惡之意知卽是無善無惡之知物卽是無善無惡之物葢無心之心則藏密無意之意則應圓無知之知則體寂無物之物則用神天命之性神感神應惡固本無善亦不得而有也時文成將

有兩廣之行晚坐天津橋上因以所見請質文成曰四無之説爲上根立教四有之説爲中根以下立教汝中所見是接上根人教法但吾人凡心未了雖已得悟不妨隨時用漸修工夫所謂上乘兼修中下也暨文成平思田歸卒于南安聞變不赴廷試定服心喪三年畢壬辰始赴廷對時開庶常科道之選顧引之不應授南職方主事夏貴溪議選宮僚其壻首薦畿亦不肯往投刺貴溪遂大恨詆爲僞學故名雖高仕竟不達然終不以是動心

而孳孳以講學爲務所至接引無倦色卒年八十有六

張元忭字子藎號陽和父初爲儀部郎每從之郎識諸縉紳臧否値楊繼盛死輒爲文遥奠而哭之悲憤激烈聞王文成良知之説油然有悟日究心理學戊午舉於鄉隨築室龍山與朱賡諸大綏羅萬化讀書會父以雲南武定功爲忌者所中詔逮訊元忭單騎馳京師白當道始得救免旨下則又單騎馳慰蓋一歲而旋逺南北者三時年踰三十

髮種種白矣入成均太倉王荆石以國士遇之辛未舉進士第一官修撰時上御極客星經天御史有以直言放者疏救之亡何聞父病乞省親歸侍膝下衣帶不解十閱月前後丁父母艱哀毀骨立及爲經筵講官進說多所裨益先是登極覃恩痛父以被黜不得與上疏請以已應得恩贖父罪詔量予冠服又疏請封父不允邑邑不樂且體素羸遂病卒其生平以忠孝自許講學爲急毎云世之學王文成者多事口耳乃以力行正之又言朱陸

之學本出一源取朱子詩摘其與文成相合者彙
成一編書出而異同之說始息性剛介不肯媕阿
江陵相張居正秉政朝臣多附之元忭實出其門
獨恬然自守歲時旅進一謁而已至議條鞭法及
兩賢祠四先生祠未嘗不極力言之尤篤于親族
多待炊者每鍵戸鮮出惟集四方學者辨人才商
世務國家大典除必反覆致詢曰此即是學一時
咸期以公輔惜乎壽止五十一官止左春坊諡文
恭從祀鄉賢所修有紹興府志會稽縣志所著有

雲門志畧山游漫稿槎間漫筆皆行于世又有不二齋稿志學錄讀尚書攷讀詩攷明大政記藏於家

劉宗周號念臺父坡早卒宗周爲遺腹子家貧母章氏煢煢相守萬曆辛丑登進士授行人時顧憲成講學東林群起攻之乃疏稱憲成之學歸于自反遂有議爲東林黨人者因以病歸匿跡林下十餘年授徒講學光宗踐祚起禮部儀制司主事首劾魏忠賢客氏有旨杖六十首輔葉向高救免止

奪俸時婦寺專權日甚復以病乞歸再起右通政旋革職崇禎登極召爲順天府尹一時豪强歛跡會京師被圍米價騰貴乃請罷九門稅修鋪房以處貧民煑粥救老疾嚴行保甲法復請除詔獄蠲新餉爲祈天永命之本俄而求去後枚卜入對言上求治太急用法太嚴布令太煩進退天下士太輕上不懌除刑部侍郎又疏陳激切并及新授吏科陳啟新故忤旨會閣臣以馬價空匱請蠲劾獨疏禁天下之言利者并陳刑政舛謬數事上怒以

爲比私亂政革職尋起爲吏部左侍郎陳聖學三篇諷諫上悅遷左都御史時大計有中書爲人行賄發覺置之法一時風紀肅然已而救禮科給事中姜埰行人熊開元之宽忤上意御史有薦西域人善用火器者宗周奏曰國家大計在法紀不在火器上弗聽及問國家如何整頓對曰禦敵必先練兵練兵必須選將選將必先擇賢督撫擇賢督撫必先吏兵二部得其人如此可使庶司稱職矣然其要在文官不愛錢武將不惜死又反覆申救

姜埰熊開元上以偏黨詰之革職歸甲申三月聞燕京寇變將爲崇禎發喪被髮芒屩手執鐵叉向院道府慟哭以流寇之變身未復讐爲憾次年入鳳林道赴水有舟人援之起暫憩靈峯寺遂不食作絕命詞閉目端坐不出一言絕食十有三日卒

人物志八

終

山陰縣志卷第三十一

人物志九

忠烈傳

（吳）鍾離徇牧之子拜偏將軍戍西陵與監軍唐盛論地勢宜城信陵爲建平援不然敵將先入盛以建平將施績有智畧而不言信陵當城弗從後晋果修信陵城建平遂危及吳亡徇領水軍力戰歿

（晋）張茂字偉康少有志行初起義兵討陳斌郡賴以全元帝辟爲掾屬太子衛率出補吳國內史沈充

反茂與三子並遇害茂盎爲太守周札將軍乞害札盎亦殺之茂妻陸詣充謝朝廷贈茂爲太僕

梁王琳字子珩本兵家子以梁元帝內戚得爲將帥帝爲魏圍逼徵琳赴援師次長沙聞帝遇害乃率三軍縞素陳霸先旣殺王僧辨擁立敬帝徵琳不赴乃大營樓船將圖義舉霸先遣侯安都周文育討琳逆戰於沌口敗之擒安都文育遂克江州及敬帝被弒琳乃請于齊迎永嘉王莊于民間方七歲立爲梁王而輔之舉兵東下與陳師遇琳乘風

舉火擲敵船風忽逆反燒遂大潰琳乃奔北入齊齊以琳爲會稽郡公陳將吳明徹攻齊琳與將軍破胡禦之破胡不用琳計輒大敗琳單騎走彭城明徹進兵圍之堰淝水灌城城陷被殺百姓哭聲如雷有一叟以酒脯號酹盡哀收其血懷之而去陳人懸琳首于建康市故吏朱瑒致書徐陵請許其葬瘞八公山側會葬者數千人壽有壽陽人茅智勝等竊送其柩還鄉里　祀鄉賢

〔張彪〕居若邪山中時臨城公大連出牧東楊州以

爲中兵參軍侯景將宋子僊攻下東楊州還入若邪山義舉貞陽侯即位以爲東楊州刺史陳文帝入會稽彪擊走之沈泰申進等共叛彪彪敗遂與弟崑崙及妻楊氏還入若邪山一犬名黃蒼在彪前後陳遣章昭達領兵購之并圖其妻劫來黃蒼便嚙一人中喉死彪映火識之曰卿須我者但可取頭誓不生見陳蒨謂妻楊曰我不忍汝落他處今當先殺汝然後就死楊引頸受刀不辭彪不下刀便相隨下嶺彪謂楊曰從此而訣若見沈泰申

進等爲語功名未立猶望鬼道相逢劫郎殺彪并其弟害之彪起于若邪終于若邪及妻犬皆爲時所重

宋趙孟嵩福王與芮從子元兵入臨安孟嵩謀舉兵事泄被執至臨安范文虎詰之孟嵩詬曰賊臣負國共危社稷我帝室之胄欲一刷宗廟之耻乃更以爲逆乎文虎怒驅出之過宋廟呼曰太祖太宗之靈在天何以使孟嵩至此杭人莫不隕涕既歿雷霆晝晦者久之

明陳性善洪武中以策試傳臚唱名過御前舉動凝重閑雅太祖屬目久之謂侍臣曰向唱名陳性善者君子人也賜出身授行人司副已而入翰林爲檢討嘗奉勑入内閣録劉太史秘書時天威嚴重偕進見者皆震恐失措性善獨俛首從事從容詳愼旣竣書法姸好太祖甚悦未幾超拜禮部左侍郎固辭謝不許乃就職薦賢爲己任皇孫在東宮時已熟性善名及卽位察先朝舊臣無如性善賢悉心委任嘗賜坐問治天下之要所宜施于今者

性善條陳世務酌其緩急先後以奏之悉見施行旣而行不竟性善又切諫謂爲法自戾無以信天下成祖靖難師起大戰白溝河李景隆潛納欵性善時爲監軍知事不可爲躍馬入于河死之後加追戮徙其家于邊尋悟其忠悉赦還

黄里字德鄰幼有大志以節義自許從王冕學通春秋三傳工詩詞洪武初舉明經授雲南州同知七年邊寇突入倉卒里以身禦之寇欲奪其印里執弗與且詬駡求死遂遇害其弟亨率衆退寇城

賴以全亨別有傳

龔全安字希寧其先金華蘭谿人從父可平戍越遂爲越人補郡博士弟子以進士起家授工科給事中在言路能舉其職擢通政司右參議轉左通政歷官以清謹聞凡遇奏對從容詳雅天顔每爲之怡懌以是頻得褒諭正統己巳從駕北征次土木駕陷全安死之景泰改元朝廷嘉其忠遣官諭祭贈嘉議大夫通政使錄其子廷輝爲刑部官

郁采字亮之幼警敏向學不輟性狷介寡合所交

遊必有行檢可相麗澤者正德戊辰登進士高第
授刑部主事在職勤慎奏讞詳明時臺長恣威陵
厲其屬來不屈竟附吏議奏謫大名教授大名學
政久弛來整設教程業務敦本士習一新遷祐州
同知適流賊起河北虐熖南熾來浚城池固守賊
騎至城下州守欲棄城去來止之曰公苐坐守備
禦事來任之仍謂所親曰今事勢如此吾生則爲
功臣死則爲忠臣矣或謂太夫人在堂君奈何死
則戒勿復言曰徒亂我意耳使我偷生歸豈孝耶

載妻子託其友儀賓莊士儒于南陽與書爲永訣且曰僕欲苟免家累者恐重傷老母心也乃率素所練士登埤復遣騎擣賊獲其俘必手劍擊之歷二旬晝夜不假寐每以義激州人州人無不效死者相拒既久賊乃悉衆來攻勢益熾城危采自禦其東郛守開門潛遁賊擁入采還救巷戰不勝被執奮罵賊裂其口輔殘其體事聞詔贈光祿寺少卿錄其子遣有司諭祭裕州立祠祀之

張名世字令我三江所人中萬曆乙未武榜歷官

至雲南都司滇池民苗雜處苗長阿克擁兵結象陣陷武定府及一州三縣名世奮擊之一日盡復其地忌者謂其搗賊巢當多獲金寶思重賂不得因誣爲冒功入刑部獄督師特疏出之期以立功時邊帥擁重兵者乘間遁歸名世曰吾受國恩且以纍囚起爲上將不能報國何用生爲遂死于陣中贈中軍府都督蔭一子

丁乾學字天行號自菴萬曆巳酉中順天舉人巳未成進士授庶常尋以檢討充經筵講官天啓壬

戊科會試分房甲子以侍讀學士典試江西並稱
得人時閹宦魏忠賢竊柄乾學抗疏糾參權禍幸
閣臣疏捄降級調外忠賢啣恨指其試策謗訕時
政旣削職復矯稱駕帖差理刑指揮高守謙等緹
騎逮訊乾學辯論侃侃被拷掠垂斃延數日卒崇
禎初弟時學具疏叩闇刑部丁啓睿等題覆有䘏
典贈禮部尚書謚文忠廕一子所著有擁膝齋文
集行世今武林忠節名臣祠列其人

陸夢龍字君啓號景鄴萬曆癸卯登賢書庚戌成

進士初授比部時有盜皇木者淮撫李三才庇之罪戌七商夢龍出其冤及朝有梃擊之案告大司寇曰斬張差數寺人法止矣典試東粵所得士皆名士陞粵西督學不徇一情稍遷九江巡道大盜集彭蠡湖設法盡殲之尋遷貴州道黔賊由普定州渡廣陸連四十八營總兵魯欽等束手夢龍麾部將督戰而後軍不應乃與二僕一胥大呼突出斬賊八人再督諸將敗退之又平溪賊叛身率精鋭二十九人斬獲百餘時粵帥媢瑠建碑潛列其

名呼石工急鏟之後遷兖東道東平巨盜方熾蔓
龍夜半引壯士突戰手刃數賊賊走曹濮間列五
營十八寨再令部將聶定邦等前後破之又驍賊
王小五等出入武城集斬其渠魁兖西悉平旋築
東平城奉調陝西固原時流寇自豫入秦崇禎甲
戌夏犯固原擊之去又犯秦州馳救之秋入靜寧
州以師堵勦又遁去及陷隆德隆德本非所轄檄
將賀奇勲石崇德等禦敵乃偵者妄傳賊不滿千
而猝遇數萬于老虎溝我兵止三百人方欲依山

爲勢以待援兵乃賊衆矢石如雨勢不可支賀石兩將抱之泣夢龍曰何作婦孺態大呼而出手刄數賊賊併力夾攻遂與賀石二將俱遇害時崇禎七年閏八月初一日也踰三日覔得其屍面中刀一髮際中刀四頸中矢一右臂鏃俱入骨顏色如生是年五十有九贈太僕寺卿予廕給祭葬諡忠烈士人立祠祀之所著有易畧四書解憨生集黙行錄

吳從義字歲清崇禎己卯舉于北闈庚辰成進士

授陝西長安令居官耿介會闖賊突至從義佩刀擐甲晝夜巡守適內親送繼室胡氏至誓不成婚志在以死殉國及叛兵開門納降城陷即綰印于肘投井而死賊爲咋舌具棺以殮無子崇禎十七年優詔恩䘏

周鳳翔字儀伯號巢軒年十九以義經獲雋崇禎戊辰成進士讀書中秘後出典江右試以公愼稱授南少司成時大司成許朗成爲小人所枉特疏申救自是權黨相繼用事罷斥黃道周諸人于是

感憤草疏極言舉朝咸爲怵惕時南雍學政久廢
鳳翔整勅監規一遵初制南國人才之盛爲數十
年來所未有及充日講官每諷切時事忠愛形於
詞色俄而寇渡河北京師震恐即寓書家人誓在
必死至寇氛日逼軍需告匱朝議欲斂民財上疏
云今日事勢止宜發帑以安人心不宜搜括民財
無何寇薄城下甲申三月十九日城陷傳崇禎蒙
塵徬徨兩晝夜廿一日聞訃擗踊號慟捉筆爲遺
書三一謝父母一慰兩弟一諭子玉忠作絕命詩

曰碧血九原依聖主白頭二老哭忠魂遂沐浴衣冠再拜投繯而死

周崇禮號敬生少有奇氣通經史奉孀母至孝崇禎七年任滎陽縣典史時流寇熾甚屢陳繕禦計縣令楊節不聽八年正月寇萬餘薄城縣令走禮守小西門賊駕樓車逼城堅守賊却猝用大砲破南門衝戰殺賊無數死之大風作積屍皆血蒙沙土面目莫辨禮刀箭遍傷顏面如生巡按金光辰請於朝賜祭于死事地方建捐軀報國坊祀名宦

祠

趙嘉煒由監生授四川成都府郫縣主簿崇禎十七年五月到郫未及三月值献賊之亂蜀有都江大堰不在郫而在灌灌去郫二十餘里簿職宜守堰嘉煒謂是蜀人生命所關遂晝夜廵守有告以天社間可避弗聽竟遇賊誘之降不從乃赴水死嘉煒子覔父尸遇堰卒應春知其沉于安家口乃封土以居幽魂登其事于成都府志撫院及知府張萁競爲旌之

皇清茅生蕙十八都人順治四年間授狼山總兵以威畧聞八年總統三省官兵赴粵勦賊適糧盡矢竭被擒駡賊不屈至割舌剮肉而死

忠烈志終

山陰縣志卷第三十二

人物志十

孝友傳

三國丁覽字孝連八歲而孤既長能推財從弟以義讓稱補郡功曹爲始平長孫權深重之

丁固字子賤少喪父而家貧養母孝敬備至族弟孤弱與同寒溫嘗夢松生腹自謂後十八年當爲公竟歷顯位遷司徒

南北朝何子平少有至行爲楊州從事月俸得白米

輒易粟麥以食人問之荅曰尊人在東不辨得米

何心獨餐除海虞令縣祿惟以養母不及妻子及

母喪去官哀毁踰禮每哭踊頓絶方蘇屬東土饑

荒繼以師旅八年不得營葬晝夜號哭常如袒括

之日所居屋敗不蔽風雨兄子伯興欲爲葺理子

平曰我情事未伸天地間一罪人爾屋何宜覆太

守蔡興宗甚加矜賞爲營冢墓

宋蔡定字元應家世貧寒父革佽獄吏傭書以資定

得游鄉校業進士頗有聲後獄吏坐舞文革連坐

時年七十餘法當免繫鞫胥削萆年籍議罪欲與
獄吏等案具府奏上之方待命于朝定痛父非辜
陷穽𤼵誓以身贖數詣府號愬請代弗許請効命
于戎行弗許請隷王符爲兵又弗許定知父終不
可贖仰而呼曰天乎使定坐視父死乎父老且傭
書罪固宜釋而無所告愬使父果受刑定何以生
爲乃預爲志銘其墓又爲訴牒置懷中陳其所以
死者冀免父刑遂趨府橋自投死太守翟汝文聞
之亟命出其父且給貲以葬之後守王絢上其事

立廟祀焉賜額曰愍孝祠

王公亥佐之弟也母墓爲盜所發盜既捕得有司薄其罪公亥斬盜首雪母寃詣州自言佐爲納所居官贖弟時王十朋爲僉判賦詩美之且載其事於風俗賦賦曰隱吏王君斬讐著名一門可稱賢父難兄

皮延字叔然事母至孝居喪廬墓有白鳩巢于廬側終喪而去

高廣元字大億父道壽五經博士淳熙中應詔上言超遷祠部員外不受築室歸隱嘗搆甫完遽罹

大故廣元寢處柩側未克葬偶以事外出煬人勿戒柩重莫移悉成煨燼廣元痛徹心骨終身不入內寢且不食煎熘之食人以江陵姚子篤比之祭知政事鄭昭光爲文以傳

元徐允讓項里人天性至孝元末兵起允讓挈家匿山谷遊兵至執允讓父安允讓曰我父老不勝亦寧殺我句父命兵遂捨安而殺允讓既而欲辱其妻潘氏氏紿兵焚夫屍始就婚遂赴火死潘別有傳朝並旌之

陸思孝樵夫也母老病痢思孝日夜不離側醫禱俱弗效方欲割股爲糜以進假寐間若有神人授藥一劑思孝得而異之卽以奉母母病立愈

陳福年十歲母葉病甚侍湯藥衣不解帶每夜出籲天遂刲股以療母而母終不起鄉人目之曰孝童郡人楊維禎爲作孝童詩

明高珣農家子也性朴魯蚤孤而貧行傭以供母母卒壟刑塘下以母生時畏靜每夕往墓所措苫廬以臥四無墻壁地沮洳多虺蛇珣不爲患歷三載

不輟當沍寒時有物夜來煖𣫭足習爲常珣初意其爲貓或以告人人密視之始知其爲狐也郡倅劉玉白其事于當路學士大夫多爲詩歌傳之

沈日禎字天祺少遊鄉校以父久客河南音問遼絕白于當道將往訪而歸之時有令凡庠序諸生有稱故遠遊者例戍邊當道以是難其行日禎曰使得見吾父雖十戍不辭奮然治裝以行辛苦萬狀備歷險遠卒遇其父於逆旅奉以歸尋領鄉薦爲學官

陳倫字天彝性篤孝家貧極力養母母嗜魚冬月不常得倫躬涉水求之後領鄉舉任鹽山教諭母老不敢奉以歷險遠留其妻侍養單騎之官

周廷瑞字應麟生有至性奉二親以孝聞春秋領鄉薦一日父偶患疾廷瑞時外出忽心動奔還疾正劇廷瑞籲天求以身代父得愈後父殁哀毀踰禮奉母氏不忍離絕意仕進煦煦色養無少違母亡廬墓數年有白兎出其旁

黄亨里之弟也隨兄宦雲南　里既被害寇方肆掠

亨痛忿兄死卽率衆百餘與寇戰勇氣百倍寇不支潰去亨亦傷其左目瀕死抱兄骨歸葬于鄉論者謂里死官而亨破寇報國且報其兄忠義萃于一門當膺褒卹惜未有以其事上聞者

徐恩與允讓同系家貧不甚知書而孝友出天性與兄文刈薪項里嶺日未午一虎從叢篠中出噬文牙貫肩項恩急顧得一木棓趨擊虎數十下時不可奪則躡文足自後撑之虎乃釋文走恩度必復來於是曳文首前向立跨屍以待且大呼曰天

乎吾於虎何讐虎殺吾兄天尚相與殺此虎復兄讐少項虎迂行負上勢奔突而下恩側身承勢橫扼而擠之虎輒失足旁逸若是者凡數四鄰族聞者或匿林間呼恩棄屍自脫恩厲聲曰汝能助助我不能毋撓我今日斷無棄兄理我不與虎俱生矣虎欲施不得復奔突如前垂至則人立不動亦不出奇設疑意在乘間以逞者恩直前批之適中其鼻虎創甚始卻步徐行而去然猶數四視焉既而救者咸至共輿屍以歸恩力竭病累月死方恩

病時人有以義士譽之者恩愴然涕下曰吾恨力止此不能磔此虎以祭吾兄而反以是得衆人譽吾獨何心哉嗟夫恩可謂朴茂不散見兄不見虎無所爲而爲義者矣鄉先生靜庵蕭鳴鳳傳其事而爲之賛曰昔庾衮不避疫太史氏錄之以爲難夫疫之不避容有不死理未若奪兄虎口置身必死者也究其心皆出于至誠惻怛心同而迹加難恩獨不得與衮並傳耶

劉謙字惟恭弟謹字惟勤洪武中父謫戍于貴州

之烏撒衛謹年六歲問貴州何處家人遥指西南輙望西南天朝夕哭拜時謙方弱冠將往貴州寧親謹年十四泣曰余獨非人子乎遂與兄偕行是時南荒初靖道路荆棘行六月始抵貴州所至艱辛萬狀遇父于逆旅父子兄弟問相持慟哭行道悲傷居久之父患瘋痺謙欲以身代因留奉父謹歸越携其兄之子壃以往而壃又卒於途既而復歸悉鬻其家資以往謙代父役遂死于戍所謹凡三返貴州得歸其父時家徒四壁矣色養愉愉計

所以寧親者百方迄於壽終有謙以殉父有謹以全父各成其孝允稱兩難

〔俞孜〕字景脩補邑庠生嘉靖初其父華以里役解流徒徐鐸赴口外防範過嚴鐸啣之投毒于羹華一夕暴死都下孜聞訃號慟往扶櫬歸殯誓必報讐時讐已脫走徒跣根跡歷數十郡聞已歸越匿甥安城楊參一家乃結力士數人佯爲賣魚者往來偵伺迄亡所獲乃卜諸城隍得漁之三益悲痛欲死是夜夢神語之曰若以漁爲不祥獨未知一

漁郎在目前乎孜驚寤詰旦詣郡乞助郡守南大吉壯之益以機兵夜半至安城驟入楊氏呼徐鐸鐸應聲就縶卒寘極典孜遂不復應舉養繼母以老鄉里與學校間共稱爲復讐俞孝子郡守湯紹恩表其閭其子志和亦以儒行重于鄉

陸尚質世居海濱之丈午村其父一中以庠生教于鄉塾隆慶乙巳秋八月七日東書渡海口風濤拍天舟東瀉將入洋質從堤上號慟躍濤中擬拉舟時觀者皆謂父子且並魚矣俄而舟忽逆濤上

若有綷者一中遂濟質竟死濤中鄉人憐之求其尸不得且謂質死水與曹娥亡異而其父得生事尤奇乃名其渡處曰陸郎渡知縣徐貞明上其事詔旌其門崇祀鄉賢祭泒本里

朱道字顯文弘治巳酉領鄉薦仕終通江令力敦孝友以義方訓其子二子篚筦及姪簦節並取科第爲顯官而雍雍和睦内外無閒言居鄉儉朴非公事不入城山陰稱孝義之族者必曰白洋朱氏云

朱鉞年十三侍母詹病衣不解帶嘗夜起祈禱望天號泣母疾寖革哀毀幾于滅性父鳳翔家貧好學至隆慶五年父歿號慟擗踊泣血至死貧不能殮里人感其孝助喪葬廬墓三年墓生芝草有祥鳥集其上後歸設塾于鄉工詩文享年六十四

馬文賢字仲孺性至孝貿易以給甘旨父早喪母六旬病劇禱于神不應割股大創而歿母遂愈妻金氏守節終身紝織養姑惜無嗣萬曆三十二年建坊旌

郁士渭貧甚因父死他鄉乃托鉢遠行負父骸骨以歸又刲股救母恙孝友過人奉旨建坊旌表

金思範字養愚迎恩鄉人母病不能起醫無以療因叩神願以身代見夔立拊膺大慟失志成狂每日走廟中百千叩首但曰我代我代里人呼爲愚孝子一日夢神語曰汝母得生汝當于某月日終矣驚寤與妻李氏訣曰母壽增我死無憾但奉侍悉托于汝越數日果以疾終李氏事姑盡殫劬瘁育二子歷氷霜四十餘年而死萬曆間縣尹耿庭

栢又吳守憲皆予粟帛旌其門曰孝子

張惟明膺挨貢例晉太學念奔馳南北不克承歡遂棄科舉一意孝養父母有疾衣帶不解藥必親嘗竭誠祈禱親疾危而復安及父母故皆廬墓三年有白兎往來枯杖生枝之異巡撫谷疏題建坊題其門曰孝行之門

胡楫字汝舟父業儒携家都下楫傭書以供饘粥父卒竭力事母母素病嘗焚香請以身代及爲銓曹吏出任萬載縣丞一夕夢母有疾遂掛冠旋接

家信果於是夕母病乞終養部例不可尋晉秩金吾右衛指揮僉事日侍母側母壽八十八歲卒刻木肖像事之先年無子偶娶妾詢知其許聘他人即遣歸不索原聘鑑湖濵有橋傾圮捐千金修之其恤親隣賑窮乏瘞枯骨善行最多有司獎以匾額萬曆二十八年建坊旌表

王鑾號戴阜□抓事母最孝母病親嘗湯藥衣不解帶每祝天願以身代母終時尚少築室墓旁九載不歸親友有勸之應試者辭曰得安父母之墓

足矣他非所望有司聞其孝而嘉之至老又築數椽于墳右人稱王氏風木庭迄今猶有遺跡子望久望大事祖母亦盡孝侄孫明臣順治間以廪貢任山東昭縣令四載寇亂攻城罵賊而死廕一子入監讀書曾侄孫重光改姓祖歷任河間巡撫兵部侍郎世傳王氏爲忠廉節孝之門

何兆三馬塢里人翁出採薪虎突啣之兆三呼號奔救以篠擊虎虎舍之去翁得生兄翁樵十餘年稍有所儲兆三曰我老矣急爲翁娶以延宗祀若

有子即吾子也弟遂娶生子而死弟婦悍不能事其伯兆三凍餓亦無悔云

李廷孚字鳳山爲忠襄公裔孫幼孤家貧受生徒以舌耕養母愉色婉容皆至及壯任騰驤衛經歷遷廣西奉義州判官因母疾告終養歷十有六載割股療母病建義學以成父志孝行浹閭爲一邑景仰列名旌善亭崇禎九年奉旨建坊

袁自立羊望村人崇禎間其父貿參皮島值大兵至死鋒鏑逾年訃聞號慟幾絶星夜至島覓父骸

不得見父舊主家方知瘞處遂掘視疑有他骨相混嚙指血逐骨滴之見血入以衣裹骨肩負徒步五十晝夜始附舟抵家終身不茹葷不衣帛且囑其子曰爾大父喪于異鄉我不能送死我死之日當掘地而埋勿用棺衾娶王氏甫九載遺子五歲念父死遠方誓不再娶鰥居歷四十三年

蕭燝性誠孝父母病日夕不離側醫禱備至及病篤未辨安危以口嘗穢崇禎年間撫按具題建坊旌表

孫一經號濟我襲祖蔭累陞中府經歷時流寇好細往來內地邏卒多以賄放而京師門禁例以中司主之因具疏痛言疎防諸弊必貽後悔部覆不行遂解組歸爲嬉戲以娛親心及母卒哀毁骨立居廬三年四十六歲而卒後甲申年寇陷燕京咸追思之謂一經讜言并有先見云妻任氏節孝過人

皇清

胡拱軫年四十父母壽並八旬朝夕奉養忽夜火發拱軫起救方負母出火愈熾仍入救父棟折樓

傾身與父同盡次早得屍拱軫以身蔽父體以手護父面儼然如生其妻周氏子會子周同時燒死浙江巡按王　具題建坊

呂典道號藏虛祖籍新昌徙居山陰陡亹　父德瑞典道其仲子生而敏慧讀書目數行下無何以父病痿不敢頃刻離遂謝舉子業朝夕拮据奉養其親數十年無倦容及亡哀毁骨立如不欲生憐叔父無嗣終身贍之偕伯子廷昇其勤于家焚券以濟貧造梁以渡涉有舟人匿貨而弗校厚德皆

如此類卒後人咸感慕之新昌令盧陵劉作梁爲之傳仲子廷雲已酉魁於鄉

朱霞字九光爲邑諸生性孝友博極羣書皆手抄日錄善屬文父病夜起號泣祝天願身代之病得起平時服習導引之術一日無疾衣冠危坐而暝蓋孝友之報云時天啟六年五月二十九日也所著有離垢集行世

孝友傳終

山陰縣志卷第三十三

人物志十一　義行　隱逸

義行傳

漢陳囂　囂與紀伯爲隣伯竊囂藩地以自益囂不較盡徙地與之伯慙悔歸所地囂辭不受遂爲大路虞翻嘗稱其漁則化盜居則讓隣感侵退藩遂成義里楊子雲等薦之今讓簷街其故址也

三國邵疇　疇字温伯爲郡公曹孫皓時太守郭誕以不白妖言被收遑遽無以自明疇進曰疇今在明府

何憂遂詣吏自殺以證之置辭曰疇生長邊陲不閑教道得以門資厠身本郡不能贊揚盛化令妖訛横興干國亂紀疇以匹夫横議不忍聞見欲鎮躁歸静使之自息誕屈其所是黜以見從此之爲愆實由于疇謹不敢逃死惟乞天鑒辭聞誕遂獲免皓嘉疇節義詔郡縣圖形廟堂

南北朝嚴世期性好施同里張邁等三人妻各産子歳饑欲不舉世期分贍其乏三子並得成長同縣俞陽妻莊年九十女蘭七十並老病無所依世期

贍之二十年死並殯葬宗人嚴弘鄉人潘伯等十五人歲禝荢死世期並爲棺殮撫其孤宋元嘉四年詔旌其門復其身蠲稅租十年

晉孔祗字成祖車騎將軍愉之弟也太守周札命爲功曹史札既爲沈充所害故人賓吏莫敢近者祗冐刃號哭親行殯禮送喪還義興時人義之

梁郭世通嘗入市貨物誤得一千錢追主還之主以半酬世通世通委而去之會稽太守孟顗察知舉孝廉不就

宋唐珏字玉潛少孤能力學以明經教授鄉里子弟
而養其母至元戊寅浮圖總統楊璉眞伽利宋攢
宮金玉故爲妖言惑主聽發之珏獨懷痛忿乃貨
家貲及行貸得白金若干爲酒食陰召諸少年享
于家衆皆驚駭前請曰君召我飲又過禮不審欲
何爲雖死不避珏因泣謂之曰爾輩皆宋人吾不
忍陵寢之暴露已造石函六刻紀年一字爲號自
思陵以下欲隨號收殯之衆皆諾中一人曰此固
義事也然今無有知者恐萬一事露禍不測不得

終志奈何珏曰吾巳籌之矣要當易以他骨焉衆如珏言夜往收貯遺骸瘞蘭亭山中上種冬青樹爲識作冬青行璉又易宋内爲諸浮圖乃裒陵骨雜馬牛枯骼築塔號鎮南杭人怨惋而不知陵骨之猶存也亡何汴人袁俊爲越治中招珏爲子師間問曰吾聞越有唐姓瘞宋諸陵骨豈君邪坐有指珏者俊大奇之手加額曰先生義士哉豫讓不及也因訊珏以故甚貧俊亟爲買田宅居之有謝翺者文丞相客也與珏友善嘗感珏事爲作冬青

樹引語甚悽苦讀者莫不灑泣焉

元趙孟治家世業儒尚義行皇慶中捐田三頃爲學田助國家教養又捐田三頃入義廪給鄉人無以婚塟者事聞有詔旌之孟治子由鍾行義有父風丁未歲大饑設粥于道所活餓莩甚衆由鍾子宜浩以進士起家

明丁能者舟人也甞夜載衆賈至東關及旦衆散去遺金一囊能艤舟候賈久不至携歸明日將復往婦勸能無往能曰我豈不欲財耶物固有分欲學

苦營之而卒然失去悔且喪身吾何安終候而還之金王感謝欲酬以半堅拒不受

周端字孟端幼失父事毋以孝聞嘗推資產與兄弟歲饑輒傾廪施貸鄉里之貧窶者多所匡濟正統間輸粟京師以助國用事聞遣行人廖莊賫勑旌之

高宗浙字叔胥讀書好禮積而能散嘗捐山七十畝爲義塚給棺以瘞里有舊家之裔盜其牛或以其人告輒隱之不忍汚其先世正統庚申歲大饑

糴他郡米七百斛給饑民全活者甚衆明年歲饑又出私廩助公貸後二年饑亦如之有司上其事蒙旌又建勅書樓以表之

黄舜問幽居樂道不以仕進爲念嘉靖年間歲暮至省城于浴堂中拾遺金三百兩携歸寓仍往候之越一日其人號哭至乃富陽縣吏領解藩司所遺者即全與到寓還之吏感泣欲謝以半力辭不納抵家已正旦矣鄉人高其義至今傳頌之孫吉

賢年十歲家貧即能孝養父母及長衣食稍充其

兄每加以不堪吉賢怡然鄉黨咸以孝子悌弟稱之他如捐道頁以完人夫婦多賑濟以存活饑民人尤感其德云

周廷澤字舜龍富而好施每歲饑輒捐粟作糜粥以賑或病死則爲義棺義塚以瘞之鄉人有厚負其租者携其子鬻于市廷澤聞之遂焚其劵又嘗捐金爲錢清石橋凡九洞工費甚鉅至今賴之其後四子禎礽祚禪及其孫浩相繼舉進士致通顯人以爲行義之報祚尤長于文學有周氏集爲詞

家所稱卒祀學宮云

蔣弘濟工騎射任義俠生平嘗破產救全親戚時涿鹿開水田乏人歷畫山陰令徐某申薦蒙特用爲募農司佃者雲集故不費官錢而水田告成神宗間關白入寇上命將軍戚繼光討之詞臣孫爌薦弘濟隨征以日暮抵高麗界軍中方設宴與士司迎欵請啣枚襲之馳城下囊上而土賊大潰時軍中筵未散也捷聞上親御門召見行賞賚嗣爲同列所累罷歸行李蕭然避雪路舍聞哭聲甚哀

詢之乃以債而鬻妻者脫所乘馬併裘帽爲之代償其扶危濟困如此

張燿芳爲諸生時有文名偶一僕開木場于柯市以放利招怨燿芳訪其欠戶富者蠲其本半貧者盡燒其劵共計一千五百兩有奇後以副榜貢爲魯府右長史時嘉祥令趙二儀死欠庫銀一千八百兩一邑騷然撫軍沈洵以燿芳署縣事抵縣見趙令妻子羈廣柳車中哭泣燿芳出已橐代償復以百金贈之邑令爲立捐金碑獄有死囚七案悉

爲平反申按察司特減二人死屢請不已或止之耀芳曰地獄不空何以成佛其慈祥愷悌共傳之

張景華舉明經時病篤囑妻董氏曰吾逝矣身爲大廷尉之子配汝尚寶卿之女無他憾惟未列科甲不瞑目後以義行成吾志足矣尋卒氏婺居樂善修齋貧者捨棺掩骼購山爲義冢及修圯路頹梁粥濟獄囚爲楊元代償逋贖其妻焚周秀券歸其女明崇禎庚辰歲饑亟同子陛鬻田二頃糴米五百石賑濟全活者以萬計著有濟言十則賑法

甚艮劉宗周王業浩王思任爲之序倪元璐有贈
聯曰分人以財由巳溺饑笑懷清女師千倉自衛
從親之令與爾隣里勝麥舟父子一士私沾又各
長吏旌以扁額兩院疏題建坊旌曰孝義流芳廣
治二年子陛以中翰改鎮江司理氏見其寬刑則
喜獄成則慼且捐金贖被俘婦二十六人及陛以
贊畫在軍保全金壇一邑生靈不罹鋒鏑蓋遵庭
訓如此

［朱炯］生而慷慨不負然諾有稱貸不能償者取券

棼之宗族有不能婚者與娶不能喪者與葬崇禎辛巳歲凶賑饑賴以存活者衆邑長吏申其事給冠帶并旌其門歷鄉飲者三以壽終

倪復號七來幼事寡母曲盡其孝長入成均以恩授錦衣衛經歷居家分貲以贍病兄給田以撫猶子捨棺掩骼惠及行路崇禎十四年奇荒米斗三百錢至賑濟饑民二百餘石府縣皆給扁以旌曰博濟可風

王光美號南阜貢選未仕家居尙孝友樂施捨慕

范文正公之爲人嘗捐腴產二百畝爲義田以贍族人二子亦克成其志卒後人咸稱爲南阜先生焉

孫文煥號振東妻陳氏賢而蚤亡久鰥誓不再娶及疾革出父母之巾笄置棺中曰吾雖死見巾如見父見笄如見母也其孝思如此先是崇禎十四年大饑文煥鬻產以賑全活者甚衆明末賊亂婦女逃匿山谷中分途設粥以濟其平日好施樂善至老不倦天樂鄉民至今稱頌之

卷終

沈懋簡世有令德志懷利濟當崇禎戊辰年七月廿三日海嘯居民淹沒者浮屍蔽江特募僧道掩埋以數千計歲甲申郡大饑又創義賑濟全活者甚衆冬月煮粥以餉獄囚春秋封土以培荒塚凡夫婦離異者必爲之完聚尤加惠親族鄉黨樂善好施終身不倦邑中高其義焉

單一貫號五芝博覽羣書有名諸生間崇禎時大饑與倪鴻寶創一命浮屠格全活千餘人又出粟百五十石炊糜以賑戊子歲疫癘大作磬貲延醫給藥療救者又無算以壽終五子遊庠食餼者二

隱逸傳

（補）行山陰道上碧水丹山隨處而是地可以肥遯矣問眞能隱者果幾人耶況隱不徒隱必有可以廉頑而立懦者若夫幽居樂道不苟赴于榮名可不謂嚴先生之流亞歟紀其事景其人弟以不獲多見爲恨云

（漢趙曅）字君長少嘗爲縣吏奉檄迎督郵曅恥于廝役遂棄車馬去到犍爲詣杜撫受韓詩究其術積二十年絕問不還家爲發喪置服曅卒業乃歸州

召補從事不就後舉有道卒于家著吳越春秋詩細歷神淵蔡邕至會稽讀詩細而嘆息以爲長於論衡邕還京師爲學者誦而傳之

晉謝敷字慶緒性澄靖寡欲入太平山十餘年辟命皆不就初月犯少微一名處士星占者以隱士當之時譙國戴逵有美才人或憂之俄而敷死越人以嘲吳人云吳中高士求死不得死

南北朝朱百年少有高致携妻孔氏入山以伐樵採箬爲業置樵箬道旁人知爲朱隱士所賣多少留

錢取蘘箬而去好飲酒頗言輿理時爲詩詠有高勝之言隱迹避人唯與同縣孔顗友善顗亦嗜酒相得輙酣對盡歡顏竣爲東揚州餉百年米五百斛不受後卒山中蔡興宗爲會稽太守餉百年妻米百斛妻遣婢詣郡門奉辭固讓時人美之以比梁鴻妻云

孔祐敬愉曾孫也隱居四明山嘗見山谷中有數百斛錢視之如瓦石不異採樵者競取入手即成沙礫曾有鹿中箭來投祐祐養之創愈然後去太

守王僧虔欲引爲主簿不屈子道嶽與杜景齊友
善少厲高行能世其家隱居南山終身不窺都邑
齊豫章王嶷爲揚州辟西曹書佐不至鄉里宗慕
之道嶽兄子總有操行遇饑寒不可得衣食縣令
丘仲孚薦之除竟陵王侍郎竟不至
唐孔述睿梁侍中休源八世孫少與兄弟克符克讓
篤孝偕隱嵩山而述睿性嗜學大曆中劉晏薦于
代宗累擢司勳員外郎史館修撰述睿每一遷即
至朝謝俄而辭疾歸以爲常德宗立拜諫議大夫

兼賜第宅固辭久乃改秘書少監以太子賓客還
鄉

宋趙宗萬字仲固少知名錢忠懿器之入朝欲與之俱以親老辭不行既長博極書傳負經濟之術困進士應詔籍于春宮宗萬天資蕭散於世故淡如也壯歲築室於郡之照水坊左瞰平湖前挹秦望畜一鶴號丹砂引以爲侶足跡不及於高門鼓琴讀書怡然自適者三十餘年祥符中詔舉遺逸郡守康戩以宗萬薦尋被召乃曰吾老矣不足以任

事因獻跋鼈傳以自見且請自托于道家者流朝
廷不奪其志即其家賜以羽服後十餘年卒華鎮
言宗萬神宇清明識度怡曠終日凝澹若嬰兒眞
方外之士然取舍去就之際則確乎有不可奪者
善八分草隸書逼俞扁術或辟穀導氣嘗爲詩曰
斗懸金印心難動屏列春山眼暫開蓋其志也

王易簡字理得尚書佐之曾孫生而頴異幼喪父
哀毁如成人益嗜學及冠有聲望登進士第除温
州瑞安主簿不赴隱居城南讀張子東銘作疏議

數百言唐忠介震黄吏部虞見而器之折輩行與之交易簡篤倫義事伯姊甚謹尤賙恤其族撫兄之諸孤如其子多所著述

元韓性字明善魏公琦之後高祖膺胄始居于越天資警敏七歲讀書數行俱下日記萬言九歲通小戴禮作大義操筆立就文意蒼古老生宿學皆稱異焉及長博綜羣書尤明性理之學其文自成一家四方學者受業其門戶外之屨至不能容其指授不爲甚高論而義理自融見人有一善必爲之

延譽不已及辨析是非則有毅然不可犯之色出雖無華軒旅從所過負者息肩行者避道巷夫街叟至于童稚厮役咸稱爲韓先生云部使者舉爲教官辭不赴縉紳大夫有事于越者必先造其廬得所論述即以爲繩準年七十六卒門人南臺御史中丞月魯不花請于朝謚曰莊節所著有禮記說四卷詩音釋一卷書辨疑一卷郡志八卷文集十二卷

王孚字宗孚元蘭亭書院山長中元第五子孝友

淳樸動遵禮度爲後世儀表以先世有田廬在麥湖時方擾亂同昆季渡娥江寓焉杜門匿影晚年益敦友愛與弟宗尹哦咏自怡相繼而終俱無子孚有山林餘興詩稿

施鈞字則夫博學能文詩得唐人體有飲氷餘味集隱居不仕

呂中字居正性莊黙終日危坐未嘗傾側臺署舉爲甫里山長不就

明

王紹原字復初自幼嗜學治毛詩刻意吟咏伯仲

五人值元季兵興經亂離家盡廢紹原惟守淡苦諸弟欲求分異以自便紹原不能已推產與之唯取先世基田以供祭祀及海內平于所居之傍闢一軒扁曰畊讀與常所往來觴咏自娛灑然無世累有耕讀集傳於家

〔錦績〕字孟熙父〔漁〕有雅行以詩名績方數歲漁試以詩有奇句既長遂擅名一時然素貧轉徙無常地所至書齋文榜于門得所酬物輒市酒宴賓客不事生產計嘗有客至呼名不即出怪之因入室

其妻方拾破紙以代所爨薪家不能具擔石簞瓢度昕夕晏如也所著有嵩陽集霏雪錄穿雲集傳于世子師邵性超邁亦工詩辭鎦氏祖父孫皆以文學高于世世稱爲三鎦云

蔡庸字惟中襟度怡曠接人惠而和未嘗有怒言愠色好吟詩與毛鉉唐之淳鎦績齊名相倡和喜飲酒家貧教授于鄉居有借竹軒自號資笑生

王宥字敬助篤學力行潛德弗耀鄉稱隱君子云

鄭嘉字元亨凝重寡言性至孝母病嘗糞甘苦衣

不解帶母未復初不就枕篤行好古其詩亦有古
風鄉稱柿庄先生
李勗字文勉性敏達卓犖不羈詩宗晚唐得李商
隱之體
羅紘字孟維博學能文性恬靜散逸志行淳慤卓
爲後生宗仰及門之士甚衆其著名若張燦輩者
二十餘人子周嘗辟儒職不就次子新亦振儒業
鄉稱二難新子傾
羅傾字義甫性淳樸鮮嗜慾不事華飾承家學敦

篤古道于書無所不讀過目輙成誦當其會意時雖食寢亦不自覺經子百家古今載紀及老佛諸書稗官小說罔不攬竒鈎源著之篇章爛然成一家之言弟子及其門者各有所就裒衣博帶從容曳履見貴勢無加禮人亦不敢以貴勢加之太守戴琥崇禮隱逸于頋猶注敬焉嘗聘修郡志未成書左叅政贊亦以博學自許聞頋名踵至論難相酬應叩愈深其出愈不窮贊深嘆服以爲博洽無可擬羅氏三世隱梅山各以文學鳴于世紘啟其

源周新承其流頎益滙而大之著述可傳越人士得所師承羅氏于吳越有功哉紘著蘭坡集十二卷會稽百詠一卷周著梅隱稿十八卷新著介軒集八卷頎所著尤浩繁其易齋札記及諸所訓詁詩話二百餘卷稱梅山叢書

朱純字克粹淳雅有儒行詩清婉風格高古教授於鄉其孫節以進士起家官監察御史奉使而卒朝廷憫之贈光祿少卿

吳驥字文英少敏慧博學治聞才名藉甚工爲古

文辭嘗作東山賦典藻不下孫興公師相李西厓東陽時稱文章宗匠見顋所爲駱賓王廟碑歎賞不能休自京師遺以書幣其志乘傳記諸所著作皆得體裁文多可傳世者志行散逸醇篤不如諸儒才美亦非諸儒所及故獨以文學擅名

夏寅字正寅隱居教授言動莊肅有詩名二子煥灼煥操行清介所爲詩多典潤語灼與兄齊名人擬之元方季方云

王文轅字司輿七歲時拾遺金一鎰坐待失者歸

之其人願畀以半轅笑曰我苟欲金何待汝爲識者器之素多病父母憐其瘠俾勿終舉子業遂隱居臥龍山下人咸識其隱德王公守仁尤雅重之文轅數延至與語彌日忘倦一時名士如朱公節徐公愛季公本咸敬事焉有司類多及門拜訪累薦經明行修不就所著有茹澹稿尤邃皇極經世律呂諸書祀鄉賢

〔王埜〕字貞翁生有異禀家貧肆力經史絕意仕進築室臥龍山南教授自給守介而氣和鄉人士雅

慕重之郡守洪珠屢造其廬扁其堂曰逸士晚歲喜讀易習養生怡遊山水間自號蜺巖道人壘石爲生壙于亭山之麓題曰小芙蓉城爲詩冲澹自得書法過趙吳興所著有周易衍義蜺巖詩集蜺巖詩話百別詩絃誦新聲所編輯有紹興名勝題咏五燈集要湖山紀遊諸集埜無子有女曰蘗屏適胡氏而寡無所依依父以居女紅極精巧嘗貿以供朝夕亦能詩然不多作嫠居十餘年先父歿而檢笥中得詩數十首每焚香誦經有詩云禮

佛梵香易修行定性難古來成道者必脩鍊般般可以觀所守已葬小芙蓉城側鄉人題曰節婦王蘗屏墓埜歿鄉人思之請于郡守梅守德郎故居立石曰王隱士里同時有王琥本姓黃者詩才與埜相伯仲而端謹不逮云

陳鶴字鳴野家世本百戶鶴少年輙棄去研精詞翰名重一時又善畫水墨花草獨出己意最爲超絕蓋其風韻在姚江楊珂之右而豪放不羈頗見疾于禮法之士云

何道字一貫家若耶之南自號南溪人稱南溪先生幼失怙恃家四壁而性獨好學負笈從胡雙溪先生游雙溪者文成高弟也由此得聞文成之學闇然自修不言而躬行焉里中延爲塾師戶外屨常滿諸文懿公嘗曰吾見何君躁心自釋陶文僖公遂托其子使訓廸之而郡守李君儒雅不與士接獨于道則造其廬其後諸陶兩公迎之至燕而名更籍甚時長洲相申公爲翰林學士問師于朱文懿公遂以何先生對申公使課兩子非衣冠不

敢見久之語申公曰野人辱公知遇無以報他日公當軸願爲忠告友所以報也其後申公入相遇必與之共食故得時時進藥石語申公必虛懷受之諸文懿公之卒也以不歡于故相未獲易名之典道咨嗟不已請于申公卒予易名生平溫厚質直不立道學之名然闡發六經之旨而歸本良知終不倍其師說不談養生家言而收視返聽其息深深似有道者爲詩不拘聲律當其得意處發于性情雖作者無以過也卒年八十有二子爲羽林

叅軍追贈如其官

張伯樞字慎甫賦性矯矯勵志攻苦厭詞章訓詁之學每五鼓披衣危坐默體聖賢微旨欲以明道覺世自任奉事父母竭誠盡孝萬曆十六年米貴多疫困厄莫措乃登樓見笏金在檻似天所助也入京爲諸縉紳崇禮庚午省試不售即棄青衿杜門著述浙撫劉一焜司理蔡懋德皆重其易學深契洽焉里人劉宗周倡明理學屬之臯比洗發明暢且勸梓四書五經解以淑人心嘉湖道蔡某欲

即於童子試中措費以佐剞劂伯樞恐有礙孤寒婉詞却之其皭然自守乃爾平居無聞忠孝節烈事義形于色如表揚王貞女沈烈婦皆其論定至於宅念措躬必歸誠正大爲一時師範所著有家訓格言讀史評內臣昭鑑錄等書士大夫至細民咸呼之曰張先生年八旬卒劉宗周爲文哭之私謚聞貞崇禎間從祀鄉賢

〔余增遠〕字謙貞號若水同胞五人而父教極嚴雖既貴夏楚不少貸公性溫裕鮮受譴訶一日父令

諸子言志各引一古人增遠舉司馬君實父詰其故則曰以其無不可對人言耳父色喜天啟乙丑伯兄煌擢廷對第一季增雍登甲子科丁卯增遠舉於鄉癸未成進士除揚州寶應令掛冠去居稽山門外僦屋數椽俄而荷錢鎛負耒耜與父老往還齒讓而坐人以長者稱之嘗戴皂巾廣尺五寸冬夏蒙首衣皆重綻食惟脫粟設繩床擁敗絮而寢冬月手足皸瘃意嘗灑灑然獲與遊者一二所識布衣先後當事有求見者竟不納或念其家貧

欲贈束帛脯糜比入見清譚移時至不敢發言而去惟教授童子爲業當其未病能豫知死期享年六十五歲卒一時論者稱江東逸民遂私謚曰孝節

何育仁號覺庵自爲弟子員從陶文簡講理學每以忠孝廉節自許經史諸書靡不究心氣誼文章尤爲士林推重又慷慨有四方志遍遊天下名山皆留吟咏有天水集行世丙戌後足跡不入城市而著述益富獨繊口不及當世事人比爲柴桑鹿

門云性尤好施與遇有鬻妻子者捐金贖之有貧乏者罄囊濟之雖四壁蕭然勿顧也年七十餘鶴髮鮐背曳杖逍遙泉石間及卒聞者莫不隕涕殯後有遠備楮錢痛哭焚化不通姓名而去者仲子曾臯順治甲午舉人孫鼎康熙丙午舉人

劉世鵾字兆生生而穎異沉默伯父宗周最器重之弱冠餼于庠淹貫古今至忠孝節義事必反復流連有慨然自命之志丁丙艱構廬墓側哀毀骨立及甲申聞崇禎之變遂不食餼隱遁山中以次

當貢例應授職亦不就唯沉酣翰墨間有以詩賦
及臨池干者輒揮毫罔倦士林推爲祭酒馬卒之
日遠近嘆息私謚貞獻所著軍徵集才子警心集
圃餘洽聞兵牘論儒誠集記元攷閒桑集逸懷堂
詩凡一百二十卷

山陰縣志卷三十四

人物志十二

列女一

晉陸氏者張茂之妻也茂爲吳郡太守以討沈充遇害陸憤激傾家資率茂部曲討充先登殊死戰充敗陸乃詣闕謝茂不克之罪詔曰茂死妻忠舉門義烈遂與茂俱得褒錫

謝道韞王凝之妻聰識有才辯叔父安嘗奇之及遭孫恩之難舉措自若旣聞夫及諸子已爲賊所

害方命婢肩輿抽刃出門亂兵稍至手殺數人乃被獲外孫劉濤年數歲賊欲害之道韞曰事在王門何關他族必其如此寧先見殺恩雖毒虐爲之改容乃不害濤自爾嫠居會稽家中莫不嚴肅初同郡張元妹亦有才質適顧氏元每稱之以敵道韞有濟尼者游于二家或問之濟尼答曰王夫人神情散朗故有林下風氣顧家婦清心玉映自是閨房之秀道韞所著詩賦誄頌並傳于世

梁楊氏張彪妻天水人散騎常侍楊皦之女有容貌

彪之兵敗還入若耶山中陳文帝遣章昭達領千兵重購之并圖楊比彪見殺昭達進軍迎楊拜稱文帝教迎爲家主楊便改啼爲笑但請殯葬彪既畢還經彪宅謂昭達曰辛苦日久請蹔過宅粧餙入屋遂割髮毀面哀哭慟絕誓不更行文帝聞之歎息遂許爲尼後陳武帝軍人求娶之楊投井決命時寒比出之垂欬積火溫燎乃蘇復起投于火

彪見忠烈傳

元朱淑信失其夫名少寡誓不改適生一女名妙淨

以哭父喪明家貧歲凶凍餒瀕死母子以苦節自勵竟無他志邑人王士貴賢之娶其女

馮淑安字靜君武寧尹李如忠繼室也如忠先居平陽因祖定宦遊寓越家素富贏妾媵二十餘人先娶探馬赤氏生子任繼娶馮生子仕伋至大二年如忠病篤謂淑安曰吾不復甦矣將奈汝何淑安引刀斷髮誓不他適如忠歿東平之族聞之利其家貲賸妾乃誘其子任率探馬赤氏黨罄其家欲奪其志淑安竟不渝有强之者輒爪面流血乃

鬻衣營厝于邑之蕺山下廬墓哭泣鄰里不忍聞時淑安年甫二十七居越一十六年至二孤有立始奉如忠柩歸葬汶上留子仕奉祀東平攜仗還越以承祖祀且遠迎任卒完其節二云元季有司上其事詔旌其門

潘妙圓者項里徐允讓之妻也生有慧質善讀書女誡列女傳不去手　至正十九年妙圓年二十五適徐甫三月與其夫從舅避兵山谷間舅被執夫泣請代死遂殺其夫而釋其舅將辱妙圓妙圓紿

之曰吾夫既死暴露不忍也若能焚其屍即從汝無憾矣兵信之共聚薪以燔火烈方熾妙圓且泣且語遂投火中而死

韓氏張正蒙妻名儒韓性之女也正蒙時爲湖州德清稅務提領以母喪廬墓南池至正十九年大兵至正蒙母柩被發見而哀慟恐被執辱乃謂韓氏曰吾爲國臣於義當死韓氏曰爾果能死于忠吾必能死于節遂俱縊死其女池奴年十七泣曰父母既死吾何以獨生亦投崖而死次女越奴晝

匿山中夜歸守屍傷尋亦餓死趙經歷素聞正蒙名率衆瘞之

王氏徐愼妻宋少師忠八世孫貢甫之女也至正十九年兵至王氏被執義不受辱行十數里至邑之界塘宣橋赴水死

徐氏郁景文妻楊氏蔡彥謙妻居南池至正十九年越州被兵二婦俱被驅迫以行度不能脫乃紿兵曰願歸取衣服粧飾而後相從縱之返二婦遂相率投井死

張氏者王子純妻也生子彰甫二歲而子純歿婦誓不貳志力女紅以自給歿稱完節焉至正二十六年詔旌表之

聞氏者俞新之之妻也性篤孝年二十三歸俞凡六年而夫喪舅亦尋歿家貧聞鬻奩資以葬已而父兄憐其少寡且貧欲奪其志氏斷髮自誓紡績養姑姑失明伏枕逾三載聞奉湯藥旦夕嗽盥舐其目目復明後姑喪貧不能葬聞率子女躬負土營壙鄉閭爲之語曰欲學孝婦當問俞婦寡居三

十九年至正丁丑有司以狀聞詔旌節孝之門

明施氏張拱辰妻拱辰早卒施年方艾志誓不再辛苦織紝孝養舅姑有司奏其事下詔旌之

馬氏朱偉妻女名德眞家病疫舅與夫偕亡姑張氏亦病篤德眞艱苦侍姑姑愈母家欲奪其志斷指爲誓姑歿撫膺大慟翌日死

張氏錢伯顏妻子志中生甫晬而伯顏死家貧不能給饘粥張甘分艱苦力女紅以育其子人無間言縣令張宣上其節有詔旌其門

俞圓恭姚彥良妻也生子體原明年彥良卒圓恭家甚貧勵苦操奉舅姑撫教體原體原賴慈教仕爲禮部員外郎備致孝養體原終以廉能稱而圓恭之賢節益顯知縣李祿受以事聞有詔旌其門

余氏孫華玉妻年二十五而華玉歿家貧子幼紡績自給終身苦操鄰婦雖甚容邇罕識其嬉笑容鄉人稱之無間言

田氏呂聰妻歸五月而聰卒貧屢不給織紝以養姑姑亡鬻衣營葬居喪盡哀遠近聞之咸嘉其孝

節云

張氏金俊妻自幼莊重簡默甫歸金舅姑與夫相繼而歿張年尚艾乃攜其孤依母家以居終身苦操鄉稱完節焉成化初事聞有詔旌

錢氏張希勝妻名昇婉順有德年二十而希勝歿舅姑憫其幼寡欲使改適昇聞之遂自縊于室家人覺而救之乃得甦舅姑卒不能強以終其志

俞貞廉王曇妻也幼時父母口授列女傳即能誦記及歸曇恪修婦道曇亡時貞廉年方二十屏華

守素終其身舉族稱其操行

周妙清鄭谷林妻年十六嫁未踰歲而林亡居貧無子清苦自持年七十而卒

徐氏包愼妻歸七年而愼死無子同邑右族多方以利誘其姑及其夫之弟欲強娶之徐禿髮毀形以絕之既而知不免縊死

朱氏余亨妻亨死朱年二十三無子亨既葬辭墓慟絕遂投河而死

錢氏陳軾妻年二十六而軾亡子彝方五歲錢夫

華餙甘自苦事舅姑盡婦禮孀居四十年其節孝爲鄉閭表著云

〔謝氏〕汪德聲妻年二十四而寡子幼姑老苦節自勵以儒業教其子鐖鐖竟以進士起家官至兵部郎中姑疾篤籲天求以身代成化間監司上其事有詔旌其門

〔錢氏〕潔者士人張旭妻年十八歸于張甫兩月而寡家貧以奩資易喪具遺腹生子永言服闋有勸其易志者遂引刀截髮以自誓事舅姑孝教永言

慈而嚴永言卒成儒業孀居五十餘年以壽終

孔氏張衡妻早寡衡從子遜娶錢氏遜亦夭歿二婦同心以勤苦相勵處一室守節踰四十年內外無間言時稱爲雙節云

戴氏陳週妻年二十五週亡子魁尚在腹舅姑憐其貧欲改嫁之戴泣曰生爲陳氏婦死爲陳氏鬼欲自裁舅姑不敢言卒以節終

趙氏胡燦妻年二十一燦卒無子母欲奪其志不從勤苦自存孀居四十餘年卒

孟玉輝者朱士忞之妻也歸士忞八年而寡氏哀慟幾絕終日居寢室步履不過中閾歷六十年恬淡茹苦百折不回有烈丈夫風有司奏而旌之

周氏年十九適汪欽欽及兄弟五人俱殀欽獨父湛與母在有盜夜譟入湛遇害明日氏哭曰貲不足惜何乃戕吾舅誓不與賊俱生匍匐控憲竟獲盜二十八人斬于市氏以嫠弱婦乃能爲舅復讐君子賢之

丁氏宋如珪妻歸八年如珪卒時年二十六遺腹

生子茂保氏孝事其姑撫孤成立孀居六十五年
卒時年九十一

倪福淨年十七歸庠士胡詡越三載詡故無子福
淨號慟幾絕斷髮示志孀居六十年貞操凜如也
詡姪憲妻章氏妙貞年十七而歸憲踰年而寡亦
無子堅操無異于倪氏每向夫墓號泣有白烏來
巢鄉人謂貞潔所感年八十五而終有司前後上
其事詔並旌之

祝氏諱淨青胡僳妻僳弱冠早亡淨青年二十一

不事膏沐敬事舅姑郡守洪珠因其志行玉潔特

誌賢節傳至嘉靖丁酉旌表門閭諭祭葬繼子淪

奉祀

余氏趙容妻贅容未期而寡年十九矢志不渝屏

華甘素孀居三十餘年以貞操著于鄉

胡氏張哀妻年二十歸哀三載哀歿氏即誓死不

貳歷四十餘年完節而死事聞詔旌其門

王氏潘宋妻年十七歸宋未幾而宋卒氏守節貞

介雖姻族罕覩其面年五十患痞醫欲療之以鍼

氏以露胸爲辱固却之曰寧死不願治竟以是病卒

孫妙吉本農家女適吳善慶善慶死氏尚艾無子持節不可易鄰邑有賄其叔祖小觀將奪嫁之氏聞有嫁期知不免紿之曰欲吾嫁但得供佛飯僧爲亡夫福始行耳小觀如其言氏沐浴更衣禮佛甚恭頃之走縊墓木而死小觀怒其紿已且失利殘其尸覆葬于上一時聞者咸爲悲歎但其家甚微不能達諸有司

傅氏沈浤妻年二十八而浤卒撫遺腹子至于成立終日閉戶力女紅近屬私親罕覩其面郡守游與嘗獎卹之

戴毓齡者建安尹肅之女蔣倫之妻早寡堅于守節既老鄉人欲白其事氏輒止之曰婦人不再嫁常事耳何煩官府爲也尤爲鄉黨推服

丁阿姑貧家婦夫亡遺腹生一女母家欲改嫁之潛受聘乃紿之歸將適其所諆者阿姑覺躍入水中以救免衆懼遂返于故夫家終不能奪其志

嚴氏吳曇妻年十八歸曇越數歲而曇沒誓死無貳且以義方訓諸子曰汝輩不能自立未亡人何以見汝父于地下子顯成母志舉進士官刑部郎成化初竪坊旌之

孔淑貞者吳顯之妻宣聖五十九代孫女也生自曲阜長歸顯顯舉進士選刑部郎淑貞偕往京師甫二年顯卒于官淑貞焚香刲臂扶櫬南還舟抵濟寧凍合去父母家數里許父母哀其寡欲强留之淑貞固辭不登岸比至顯家闔戶毀容閨閫嚴

甃苦節自終曲阜族人高其節爲之竪碑弘治間詔旌

徐氏鄭翰卿妻儒家女幼曉大義適鄭門僅踰月翰卿出遊山右十年不返徐獨奉舅姑極敬順姑病劇籲天請代疾遂愈後翰卿歸旬日病卒及殯畢泣曰吾嚮不忍死者以夫在耳今夫死未亡人何以生爲遂絶粒七日而卒

孟氏祁鎡妻適鎡家甫數日鎡卽病死氏年方十九父憐其弱齡且無依欲諷之他歸氏閉戶號慟

將自盡其姑防之乃剪髮破鏡誓無貳志躬自績紡以養舅姑及舅歿家貧不能葬盡鬻衣服以完喪事茹苦含辛幾六十年貞操聞于鄉有司給匾獎之

濮閏英繆禹卿之妻年十七歸于繆甫二載禹卿病刲股救之不效竟殀歿家故貧寠且無子或勸之更嫁氏嚴拒之誓歿不貳卒以節著

沈氏陳溢妻年十八而歸溢甫十八日溢亡終身不踰閫限守六十餘年溢之從侄陳鎣妻沈氏亦

年十八而早寡苦志不貳鄉閭稱之曰陳氏雙節

趙氏周濡妻趙瑋之女歸濡六年而寡營葬傍築一壙或問之氏曰生與偕衾死當偕穴耳守節七十年壽九十三歲而終

何氏周英妻年十歲許聘未幾英患癩疾父母欲背盟返前聘女聞之號泣不止父母誘之曰吾欲爲汝配佳壻耳氏泣曰夫之不幸女之不幸也曷敢貳志父母終不能奪卒歸英英竟以前疾殁殁氏堅操不踰守至七十餘年乃終

鄭氏徐文佩妻年十七歸文佩三年文佩病亟囑氏曰我死無可恃汝惟善事後人氏泣曰何出此不祥語也脫不幸俟季叔有子當求爲君嗣時文佩有弟文彝伊妻童氏彌月果生子氏亟抱以示其夫然已病篤不能言惟舌舐兒首遂卒明年文彝亦病危將死伊妻童氏年尚艾封臂肉與文彝訣遂偕鄭氏撫一遺孤無貳心郡守聞之榜其門曰雙節

朱氏周篪妻年十七歸于篪二十而寡哀毀自誓

家徒四壁舅姑皆老病氏操井臼以備甘旨鄉稱貞
且孝者必曰周婦事聞于朝表其門

胡氏陳潤妻年十九而寡持操堅若姻族有諷其
更節者輙詈絕之家甚貧紡績達旦跡不踰戸閾

嫠居七十四載九十三而卒

俞門周氏夫失其名年十九寡居矢守貞操皦皦
享年七十餘歲葬于天樂鄉孝杖變竹成林週圍
墳內自成化迄今數百年其蹟猶存

凌氏高貴珍妻貴珍疾凌年二十九清苦自勵歷

四十八年如一日尚書魏驥賛之曰其德也恒其志也明譬如雪中松栢火後琮珩雖經銷鑠剝蝕之懍顧其光愈潔而操愈貞是誠無假乎朝廷之旌

汪氏高貴津妻年十九于歸未及期而貴津卒哭泣如不欲生苦節至七十一卒郡守洪公楷表其閭里

唐氏姚用粟妻正德戊辰進士姚鵬之子以若諸早卒氏年廿七歲撫一子五孫俱成立壽至九十四歲嘉靖年間旌

孟氏胡墊妻墊嘉靖時處士純謹敦樸其先世祖系艾菴貢元世有令德至墊屢應試不售早年賫志而歿氏年甫十九無子繼伯氏子胡茂爲嗣教育成立苦志堅守事姑紡績以充甘旨竭盡孝養數十年親黨未聞其笑語靑年苦節爲世所難郡大人旌其閭爲貞節之門越四世孫昇猷於

大淸丁亥科成進士官江南參政亦天祐貞善之報云

金氏徐韡妻韡廣平通判綬之子食餼郡庠蚤卒無子猶子韞祥甫生八月金鞠育成就爲邑庠生

從孫慶妻尹氏二十四歲而嫠撫孤應鳳勵操苦守俱以壽終

姚氏姚忠女年十六嫁朱縉縉父故權吏歿而家益貧縉嗜酒失業閱四年并其妻自鬻于宦家將挈而之京妻覺之恚曰是將及我吾儒家也奈何令儒家女蒙嫌至此欲拒知不可及乃夜縫其襦袂以蔽體懷石沉河歿諸生上其事于代巡謝公令表其宅而縉先以無家歿表無所歸乃立碑于故沉所徐渭爲之記

沈氏朱雷妻無子子夫兄子廷瑞年至九十四而終其從曾孫朱應朱賡爲之傳

王氏馮吉妻孫景隆給事中以言被謫爲主事萬曆十一年旌

周氏包濟妻貧無子子從子梗黃洪憲云節必以貧而無子者爲第一周之植孤存祀深識遠謀有丈夫子所不及者是足風世矣

馮氏俞泮妻子丕妻錢氏孫廷用妻婁氏三世守節馮氏七十三卒錢五十卒俱萬曆十三年旌婁

二十五而寡五十卒

章氏劉坡妻適劉夫早卒生遺腹子宗周煢煢孤守依外家以紡績供膳讀後子成進士爲理學名臣克成母志云

何氏庠生張孚妻都督何斌臣女年十六于歸二十四夫亡矢志守節事舅姑而課二子勵冰霜者五十餘年至七十八而終學道許給匾旌獎

高氏監生陳樞妻給事中高鶴女樞亡氏年二十二歲悲號誓以身殉時舅姑老無他嗣樞所遺孤

又未及周父母諭以大義乃止食蔬服縞遇疾弗醫舅姑既沒外侮紛起將不利于孤氏以身捍衛備極艱苦哭三柩于堂撫一嬰于膝歡笑弗形閫閾弗出孤子汝元仕至延綏行軍司馬享年八十二歲萬曆年間旌

潘氏許三聘妻夫亡止十九歲撫遺腹子苦守終身如一日至九十六歲天啓年間府縣俱有旌

徐氏儒士陳核妻夫死二十二歲鬻簪珥以供姑舅焚契券以保遺孤巡按成給貞操天植匾旌之

沈氏林大茂妻其夫愛樗蒲花柳經月不入內氏置不問後家業蕩盡氏處之怡然茂病氏拮据藥飲無頃刻離氏兄往省之茂目氏謂其兄曰余死無足慮弟念君妹無子隻身有煩清聆耳氏泣曰尚何顧我君弟先行妾卽隨君逝矣乃盡鬻其衣飾器皿製二棺餘悉償夙債有一婢一僕亦檢文券付之曰俟吾柩出爾各寧家毋久苦爾也茂死殮畢卽絕飲食跪柩側號泣者數日遂寢疾而沒時年二十四中城察院董順大巡按孫鹽院傅條

銀三百兩同王貞女建祠江橋名曰貞烈祠至崇禎時順天府尹劉宗周爲之記

秦氏儒士陳大熙妻夫死誓志以守父母欲奪其志爲之擇配氏知即自縊死向曾有旌表因無子嗣遂失所記

沈氏姚炣妻炣係副憲龍川公之孫少有文名以不得志早卒氏號慟欲絶姑章氏撫之曰有三遺孤在將依汝以成立死將何以慰我老耶氏始强食治家井井事姑備極孝養課子孫讀書咸有聲

贊序閭鄉里稱之爲能以婦道兼子道以母道兼父道云

〔史氏〕庠生陳承榮妻稱未亡人三十餘年宗黨共稱其孝閭里咸誦其貞

〔章氏〕年十八適周志高踰年高歿氏事舅姑至孝伯氏迎養氏曰未亡人獨非子乎伯氏一子氏收襁褓教誨之處家極貧劉公宗周爲之傳有曰如周母者誠難之難者也時人以栢少君稱之後子崇禮拒寇以忠烈顯賜祭建捐軀報國坊祀名宦

金氏儒士陳汝嘩妻有表揚貞節之旌

汪氏庠生劉繼曾妻乃江西學使青湖公曾孫女年十九適劉甫六載夫亡守節而貧事姑以孝聞享年七十有六學使胡琳爲之記天啓四年巡按李以天植貞操旌焉

陳氏言應試妻娶未一月夫因渡水溺死氏抱屍痛暈急欲自縊親屬力護乃已俄有奸人艷其姿欲强污之卽引刀自刺幾殆縣呈縣表揚

王氏胡亨奎妻生一子夫患麻瘋死氏年二十五

家貧鄰族勸其再醮氏乃截指誓守紡績供姑針紉課子姑歿克全喪葬哭姑喪明三載其子胡行晟日夜悲號朝夕焚禱忽一日夢神醫授藥雙目重明人皆駭異以爲孝感所致憲旌十都四圖人

陳氏儒士金士標妻矢志全貞孀居五十餘載旌

婁氏儒士陳大綺妻事翁姑大得歡心夫羸疾七載竟不起朝夕呼號禱祈聞者爲之拭淚喪殮稍豐絕不念懷娠三月有遺孤之望也時年二十夫故八月生子箴言方在襁褓族惡百計摧傷以爲

奪繼地氏防護寢處屢易其地甚至鳴官給照虐

厥稍緩貧不能自給紡績以教子壬午登賢書按

院學道特旌苦節

馬氏適經歷俞弘和爲繼室年二十一夫逝娠甫七月後生男宗旦時前妻有遺孤二弟婦馮氏亦早寡有遺孤一無論隆冬酷暑同紝織以撫諸孤節義著聞崇禎十六年學憲黎公元寬按院蕭公奕輔批允旌揚

趙氏高岡妻年十九歸岡越九年而岡卒家道衰

落茹苦服勤撫孤成立其翁名應科亦蚤卒姑李氏亦年二十八而寡趙旦侍姑食夜同姑寢李年七十七趙年六十八相繼逝世崇禎九年旌

錢氏儒士金有德妻年十八歸金二十三而孀生一女一子截髮矜面矢志自誓刲股以療病姑茹荼食蓼克有全節子廷策以明經授知縣萬曆四十七年卒年五十二崇禎乙亥年按臺趙題旌有錢象坤倪元璐黄道周爲之傳

周氏高公懌妻年十六歸公懌二十而寡守貞五

十餘年嘉靖間旌

張氏經歷胡一言妻適胡二載而夫亡年止十九懷娠五月後生子拱樞手操紡績口授詩書後樞任北城兵馬副指揮以子貴封孫兆龍禮部右侍郎文淵閣學士孀居五十載享年七十六歲順治年間旌

陳氏庠生曹憲妻夫早年逝世氏二十五歲守節撫養二子成立業儒長國正次守正又相繼早亡長媳劉氏二十八歲守節次媳王氏二十九歲守

節三人守節治生課訓諸孤蜚聲黌序萬曆十五
年郡守劉公庚給匾旌表額曰一門三節今其後
裔皆克遵舊德云王季重爲之贊

孫氏趙嘉彥妻嘉彥進京歿于途氏聞報誓以死
殉絶食十四日而死萬曆二十七年兩院移文建
祠北小路褒忠祠後有春秋祀祠地計一畝九分

徐氏庠生祝汝楝妻康熙庚戌科進士祝弘坊之
祖母年十八適汝楝二十四歲而寡產孤紹爖生
甫墜地不敢絶食稍長勉之以學蚤列名膠序氏

能敬事舅姑享年六十餘崇禎年間旌有節孝集

倪文貞鴻寶爲之序

〔胡氏〕庠生茹光習妻性極孝年十三繼母疾篤終

夜哀號刲股調藥籲天求代年十八歸光習事翁

姑克順克孝適翁染症甚不可藥永夜焚禱復刲

股以進病即霍然一時士大夫播爲詩章稱孝女

孝婦云崇禎間汪元兆上其事于兩臺給匾表其

門　侄茹鉉爲之傳

〔倪氏〕庠生余燦妻孝事舅姑脱簪珥佐夫讀二十

七歲而寡有子復早世教育三孫俱成立茹荼飲蘗四十餘年以壽終萬曆三十七年上臺有節孝之旌

曹氏太守曹謙之孫女適俞大達爲妻父堯中訓子嚴切閉大達于書室中非歲暮不令歸萬曆戊子省試不售父痛責之大達亦慚悔嘔血死時曹氏年二十一有遺孤甫五月名希孟氏撫屍號慟慟必氣絶及甦姑曰爾死如孤何嗣是臨哭先以孤置其懷氏藉以不死撫子成人入太學嘗日功

名自有定數奚須以苦讀覔命享年八十一歲以

壽終

馮氏陳幼學妻順治己亥庠常陳景仁之祖母萬

曆年間幼學燕遊早世年甫二十五歲矢志茹蘗

撫七齡孤嘉瑞成立郡旌節比氷霜嘉瑞妻顧氏

克繼以孝刲股療姑又能課子登朝令

誥贈宜人邑令旌以一門節孝云

徐氏巡檢葉文傑之妻夫亾有一子一女撫孤矢

守足不踰閫親屬葉文秀貪其遺產威逼改醮婦

誓不移遂拴媒强搶婦料隻身不敵夜半身穿禮服針線密縫越牕而出投河溺死事聞撫按俱旌其門學道許遣官致祭

裘氏儒士王大杰妻孀居五十載享年八十九歲旌

陶氏庠生黃繼吉之妻侍奉翁姑最孝姑性嚴毅飲必口嘗食必手奉有嘉蔬必以供子六幼者三人氏親課之皆能成立翁黃練病痼爲醫者刀傷流血垂斃氏偕姒羅氏刲股以進病良已翌日翳

見之曰若服異藥耶凡劑不能療此蓋冥冥若有

相之者孫胤哲登丁酉鄉榜未仕

趙氏唐克信妻夫早亡青年矢志足不踰閾惟夙夜治女紅饍翁姑節孝之名播聞閭里生一子九經晝荻教嚴登崇禎丁丑科進士年七十二而終順治四年巡鹽御史王題建坊曰完節至孝

會氏葉大器妻器敦倫好學以厄于秋闈抑鬱而亡氏年二十有九茹苦自甘朝夕紡績教養其子孀居五十餘年壽至八十有二又金氏葉大紫之

妻守節而終

裘氏龔邦柱妻年十六歸邦柱事公姑最孝越十年夫客死閩中喪歸氏慟幾絶營夫葬卽穴已墓于穴以死矢誓親黨欲勸其改適究莫能奪遺孤甫九歲躬織紝撫之成立卒時年七十四守節五十年以長孫澍貴累贈夫人

謝氏國子生謝小東之女單禹圖之妻于歸四載夫亡止育一女氏毋曰爾少寡無子何不爲終身計氏厲聲曰吾何患無嗣可擇而繼也後有議言

汚耳者吾與母不相見矣遂不敢復言紝織五十六年至鷄鳴方就枕終身不茹葷衣帛享年八十一歲卒時異香滿座

王氏庠生張燮元妻二十四歲夫歿無子堅貞守志紡績度日至七十三歲而卒又孀董氏儒士張珂芳妻二十五歲珂芳歿氏即欲自縊相殉因王氏勸免娣姒彼此砥礪苦節四十餘年至六十九歲而卒

吴氏庠生章文煥妻姑病疽刲股吮膿節孝堪嘉

旌

樊氏典史楊瑘妻孀居四十七載享年六十九歲

旌

王氏儒士包懋統妻節孝兩全孀居三十載卒府

縣有旌

傅氏岳瀆村傅陽初女年十八單思明娶之逾年

生一女思明以武功應選都司進京病歿氏年二

十誓歿苦守家愈貧而操愈勵勁節三十餘年享

年五十五歲

李氏陳大本妻本力學蚤亡氏年二十一歲誓志靡他奉耄姑王氏孝養備至姑齒落不能噉食醫者曰得乳方瘳李氏貧無以購或云汝不育若服通草七星湯可得乳如法服之兩乳湩流朝夕哺姑人謂孝感所致按院旌曰節孝可嘉

何氏邵希達之妻青年苦節栢舟自矢年至七十歲而終

程氏庠生洪宗之女擇配陶生贅居氏年十七而父卒哀毀備至必欲與父同穴母再三强之始食

飦粥逾年而母病氏日夕禮拜北斗乞以已壽益母聞人肉能起危疾則刲其左臂以進母食之愈越三年疾復大作則又刲其右臂以進及母氣將殞大哭失聲仆地母殁後未一月而卒

張氏儒士沈燮妻事舅姑至孝燮業儒以厄于小試遂鬱鬱死氏年纔二十餘生一子艱苦百端撫之成立及娶婦生孫伊子又以病死繼而孫又死時姑亦孀居久姑媳煢煢相依然曲盡膳養姑享年八十而終氏竟無嗣不踰年亦死没後纔以族

子繼邑人咸嘉其節孝焉

馬氏儒士劉晋嘯妻晋嘯遊秦淮歲餘而歿婦聞計一慟幾絶年纔二十餘無立錐之地偕其母寄居于伯氏破樓之上痒十指以自給雖凍餓怡如也或哀其苦而勸之轉適氏即大哭勸者駭走自是莫敢言居樓上不下梯者十餘年嘗以一瓦盆貯土足履其上人問其故曰以服土氣爾親族中餽遺不肯受曰未亡人何敢受人賜耶年七十五而終

張氏庠生陳至謙妻寺丞張汝懋之女侍御陳烇之媳適謙年二十三而卒生子錫琦甫七歲後乃課子遊庠且存心愷悌捨棺數百以恤道殣鄉里欲呈三院候旌表氏亟止之曰鶩名非婦所宜年六十四歲卒

俞氏張問相妻事舅姑至孝姑病嘗刲股以進而病頓愈適夫疾篤氏念舅姑老非子在無以爲養旦暮籲神願以身代氏果一夕身殞而夫疾漸差其誠孝格天里共傳之

王氏沈伯爕妻甫六歲締姻數年伯爕病癱手攣髮墜女父母將渝好時女方笄聞之問于父曰沈病始何日乎父不解其指曰初許時佳兒郎也後始病作耳女曰諱病求婚負在彼旣許而疾命也違命不祥父義其言卒歸之入門爕病已憊氏奉事無少怠居八年爕竟病死氏哭之甚哀爕無嫡兄弟子其從子應吉氏復出簪珥佐翁費買妾生子曰光五月而光生母死踰年姑舅繼殂惟一寡婦撫二幼兒鬻手而食有饔無飧二女長又爲贅

遣誦讀子應吉遊庠光亦成立氏守節而終撫院
金具題建坊旌表
陳氏庠生張汝爲妻汝爲蚤世氏年廿四遽罹艱
凶而公姑年邁痛憶亡兒晝夜啼泣氏收淚承歡
備修瀡問寢膳代供子職公姑稍安閭里稱孝焉
下藐孤二子一女氏居常午夜一燈課女紡織課
子讀書機杼書聲相間不輟後皆成立二子焜芳
煜芳俱成進士而子壻商周初與焜芳崇禎戊辰
同榜焜芳甫登第即具疏請旌奉旨建坊郡縣㢊

閭生受褕翟壽至七十六歲時人以謂節孝之報

祝氏　祝金陽之女孫太學生商周稷之婦二十八歲而寡事姑與庶姑曲盡孝養歷甃先人六柩雖破家不靳育一子遊庠而夭又教養孤孫成立孀居壽至七十七歲而終文宗張按院王俱蒙表揚

金氏　劉梧妻蚤寡撫孤炆以節聞又能大起其家至七十一歲卒長孫重媳

吳氏　夫亦蚤亡遺孤六人教養有成孝事舅姑皆至耄耋没後人稱節孝焉

〔朱氏〕胡世賢妻年十六歸胡舅蚤卒姑年老伊夫專攻舉業凡甘旨之奉誦讀之費俱氏脫簪珥勤紡績以供及姑亡盡哀盡禮俄而夫病劇久侍湯藥衣不解帶至八載而竟不起時年二十九兩女俱幼長子襁褓幼子猶在腹中氏忍死治喪畢歸外家獨居一小樓惟日夜女工以衣食遺孤教養備至氷霜歷三十二年而卒上臺特疏建坊以旌長子璿郡幕次子上達登丙午科鄉榜家世居賞枋

斯氏儒士張泰妻事翁姑以孝聞翁病刲臂肉糜湯以進病遂愈姑病亦然歸泰後止舉一雄遂染瘋癎私念翁姑年高螽斯未繁又爲夫納一副室生子以慰其心里人莫不稱之錢象坤誌其墓曰山有時頹川有時竭如孺人之孝亘千年而不滅

山陰縣志　卷三十四　二十六

山陰縣志卷第三十五

人物志十三

列女傳二附貞女

明

倪氏王朝京妻朝京力學早亡氏年二十一歲堅冰霜四十餘載而卒子王鑾另有傳郡邑通詳題請俱于天啓五年勅令建坊

金氏單一陽妻一陽早歿家貧無子人爲金難之金曰諸事難守節易惟伯叔顧我茹苦四十六年勁節出羣人咸歎服

錢氏庠生徐天球妻年甫十六歸徐半載值姑與夫俱病篤氏憂危莫措乃刺血書疏祈請身代隨刲股投劑以救姑及夫疾俱頓愈而氏命隨殞宗里哀之以其事聞各憲皆蒙旌奬

皇清胡氏字蕭邑庠生翁嘉胤胤贅居于胡及朞省親京邸遂病卒氏年二十歲身在母門甫遺孤一月又殤氏毀容滅性數日不食父母以舅姑在邸多方慰之乃擇繼子立後母病跪天刲股暈絶復甦後訓子嚴切無間寒暑里人皆稱其節孝嫡兄胡

昇猷順治丁亥進士

許氏鄖陽副將胡廷聘妻順治四年九月楚寇亂被掠氏駡賊呼天斷髪毁容抱石投于金魚河而死順治十三年正月鄖陽治院胡全才具題建坊旌表

陳氏鄉民王艮臣妻生子學信氏年二十六歲艮臣病死遺子入週家無宿糧氏紡績爲生養子弱冠娶媳陳氏生孫方朞子又殀亡婆媳俱誓節堅守媳年四十八歲而終煢煢老婦年至九十餘順

治九年郡侯劉給匾雙節維風

〔倪氏〕生員茹芳妻年十七歸芳芳與營將譚某有隙譚擁兵擒芳芳遁遂掠妻倪氏及一子一女去氏與姑泣訣曰自有一死斷不貽清白玷譚窘辱逼脅羈鎖空房房臨麗公池氏舉針線密縫襦褲履抵暮越窗以出遂投池死翌日浮屍水面顏色如生衣皆紉密咸嘖歎曰烈哉此婦生不失身死不露體

〔徐氏〕周振公妻順治丙戌年大兵渡錢塘時越中

婦女多避匿水鄉忽兵馬奄至氏曰事急矣名節爲重乃抱兒赴水死次早屍出猶堅抱其兒而貌如生

謝氏適陶學淵爲妻夫病死年二十七歲有女無子公姑老病叔嬸又相繼死僅兩幼侄氏誓死不嫁雖室如懸磬以紡績上供菽水湯藥下養兩幼侄後公姑壽終兩侄成立年七十苦節至孝人共稱之

傳氏吳邦瑃妻邦瑃吳有孚之孫遇亂守城城將

陷俞氏從間道去氏厲聲曰夫死吾獨不能相從耶城破氏衣吉服自縊

何家婦徐氏戊子年白兔猖獗氏同女長姐皆有殊色同避難山中適遇賊强徐欲淫之徐厲聲罵賊賊以刀刺其兩腋不從賊又抱其女徐復張目叫女曰無被辱有死而已女即應聲曰必不負阿母賊亦以刀刺之俱不受汚而死

朱氏葉廷筌妻者儒朱艮卿女也年十八歸筌家貧紡績以佐讀書週年生一女夫遊學粤西未及

朞卒于途氏悲慟幾絶後公姑並亡莫可依倚氏欲抱女投河賴族長救存有親逼之奪志氏毅然毀容誓不復生親族救匙歷呈府縣道憲稔其節烈俱給匾旌揚御史顧公張李公各捐俸褒恤

徐氏王貲德妻孀居五十載享年七十三歲旌係三都巫山鄉人

馮氏太學生馮逢會女少有至性事祖母以孝年十七適高生萬善姑早寡素多疾而性卞急氏承順顏色靡不至未朞夫亡氏年少無嗣惟恐姑以

喪子故致增哀悼事姑彌曲而謹姑若不知有喪子之戚已而姑病危氏刲股以進病遂瘥壽至八十有九氏亦至六十歲而終撫從子晉爲子如己出晉補弟子員

俞氏庠生駱元裕妻夫病刲股不效時年二十五歲遺孤甫五月延名師友訓迪子復旦歷任三原崇仁知縣至六十三歲而卒奉 旨建坊旌表

馮氏俞一和妻事舅姑至孝敬夫如賓夫故氏痛哭幾殞絕甫二十四歲教子與孫俱業儒有成享年

八十五歲坊旌

楊氏郡庠生國楨之女庠生劉宗祺之妻幼事父

母及歸奉舅姑竝以孝稱年二十五夫歿遺孤七

歲家貧歲歉以糠粃作食日夜課其子益篤暨十

餘年而子一龍遊于庠更三十餘年有孫五人長

幼俱就學有文武才以壽終推官唐煜署縣事表

氏貞節

謝氏庠生沈翼范妻年十八歸沈事舅姑以孝聞

姑早逝幼叔幼姑俱撫之成立夫病殂生子甫週

號慟不欲生舅勸撫孤乃止課子最嚴子開治弱冠遊庠苦節至七十餘年娣朱氏沈鼎范妻年十七成婚未踰年夫病氏刲股以療不愈竟無子痛絕復甦後抱親伯子五臬爲子青年守節至白首如一日二氏皆孝廉沈綰孫媳一門稱雙節焉

余氏趙玉艮妻父夢得雁而生週歲時父母羅物占其志獨手取列女傳年十歲有鄰婦將棄子他適乃藏利刃故爲理髮竟截婦髮婦遂止氏歸趙之年夫即病歿生子閱月舅又老氏乃忍死以事

舅撫孤治紡績不怠夫之弟遭無妄灾竟傾產授之使得脫自是家益貧然猶遣子就傳娶婦而卒

任氏孫一經妻年十六于歸一經以中府經歷建言不行遂罷歸而卒氏茹素縞衣終其身舅如濂州守亦卒於任貧不能返柩氏攜孤奔任所扶柩還葬即丈夫子不能及也孀居四十餘年課三子成立仲揚任漳州知府季揄鄉貢士

劉氏庠生沈銘新妻能孝事舅姑及夫客遊粵東病卒氏朝暮悲啼親鄰聞之無不涕下止生二女

繼叔子爲子愛養愈于己出訓子女俱有禮法自二十餘歲甘茹荼飲蘗以終其身

張氏朱振伯妻家貧婦精針黹勤紡績拮据以贍舅姑癸卯冬提督駐紹有薛內司者放營債見婦有姿色遂設謀誘振伯爲中保振伯愚果墮其術乙巳五月初七日囚振伯逼書當妻文券券入手卽來舁婦婦曰夫果賣我當與夫面訣給二卒去時旁晚勢迫婦飽乳其幼兒攜燈拜辭姑于門外束髮縫衣詣河邉以磚護其兒傍置燈遂赴水死

時年二十五也明晨屍浮水面停七日猶面色如生

補周氏俞應衡妻適俞二載孀居誓守生遺腹子名綸撫字勤劬晝夜紡績以奉公姑公姑嘗曰有媳如是吾男雖歿猶生矣後子綸弱冠遊庠里族公舉歷蒙上臺給匾示旌年至八十四歲而終

陶氏茹明卿妻結褵半載明卿去世姻婭輩或有他議氏則厲聲曰共姜栢舟讀之久矣復何言撫一子完姻而卒苦節五十四載崇禎間山陰令鍾

震陽旌其門

包氏王汝華妻庠生包梧女十七于歸十九而寡家徒四壁紉衣爲生奉侍老姑至百歲復念無嗣有友姚允莊仗義擇族孩五歲撫養立繼苦節四十餘年以壽終

貞女傳附

明諸娥父士吉洪武初爲糧長一貧生負所逋訴之郡守守庇之以語激怒守守大怒遂骫法論死并二子炳煥咸罹焉娥時年八歲痛父及兄皆陷於

獄晝夜號哭思上書願以身代乃與舅氏陶山長同奔金陵上控時明初禁嚴有寃不得伸者令臥釘板方與勘問娥負極寃痛不能白竟以身輾轉其上上憫其情赦一兄送幼女還鄉一兄謫戍京衛娥以傷重而卒士民哀慕孝烈肖像配祀曹娥

袁妙善父子純沒于王事貲產豐給遺幼子一人宗黨利其貲者甚衆妙善方待年未字奮然願保其弟誓不適人且稍散其貲以安宗黨及弟娶婦俞氏妙善喜庶幾振其宗未幾弟亡俞氏又亡妙

善益勵初志綜緝家務不怠宗黨欲攘奪者籍籍妙善曰立後將自定擇袁氏同姓者一人非世次不可乃子其甥邦傑家業自是益饒邦傑生二子次成天順八年進士官御史

包孟貞許配高恩衰衣往弔誓不嫁年八十餘歲卒

王慕貞係三江所王子淸女幼喜誦讀許字郡城劉志學劉故蕩子未室而客燕私一燕婦十餘年不返屢移書令氏他適父母欲從之氏堅執不可

後夫客死時貞年三十五矣父母議更字貞泣曰女既策名劉氏即爲劉氏鬼耳我夫雖死聞有姑在姑雙目俱瞽隻居山谷中以貸乞度日世豈有聘媳二十餘年而不得媳一日之養者乎吾將歸養吾姑母不能强送之歸既拜其姑績紡採汲諸苦備歷見者莫不歎息淚下致格里中悍婦孝養七年姑没守墓半載忽有微疾即沐浴焚香端坐而化年四十二歲没時正夏氏尸香徹數里者累日而縣令楊親往祭奠後鹽院傅發銀建祠同沈

烈婦祀享里人劉宗周爲之記

朱氏南安司馬朱憲女幼許周南湖之子洒洒以母歿哀毀至疾歿氏聞卽素服告父母親往吊奠至喪次悲慟幾絶遂剪髮自矢敬拜公姑以示終身不渝後伯姒有娠生蜀郎卽育爲己子氏惟日事紡績足不出戸偶患疾爲延醫診脈輒辭曰夫未按吾手豈容他人近乎不許壽至七十一卒有司申撫按旌表冏卿周浩爲撰節孝傳

李氏卽孝子陸尚質之妻萬曆間海塘衝没質父

爲巨潮所捲質躍入水中救父父活而質竟溺死

李氏時年十七尚未合卺聞質死誓不再字孤守

終身至七旬而卒

徐女許配同邑儒士趙應奎爲繼室天啓元年應

奎客遊粤東未娶遘疾死女聞卽縞衣茹素哀痛

在心憒瘁形色其明年應奎喪歸女告其父母過

門祭奠撫棺慟絶嘔血幾死父母曲諭之矢死不

從乃聽守志撫前妻子趙友善艱苦備嘗以有成

立姑韓氏篤疾貧不能得醫藥節婦刲股籲天一

夕愈自守節至今經歷三紀有餘衣被不完饘粥不給而氷霜之操老而彌厲崇禎癸未守憲鄭公瑄順治間御史葉公舟皆首旌之

趙貞女名邃華舍村人幼好讀書善臨池其父家饒置粧甚麗許陶里俞某爲妻及笄夫病劇將易簀姑利其粧誡媒勿泄促令于歸貞女入門姑令一女子扮新郎拜花燭訖進房聞啼哭聲貞女不知也既而告以實卽換服治喪事貞女哦詩七首有簫鼓未完鐃鼓震畫堂方掩孝堂開之句既而

趙與俞兩姓俱貧勸其再適不從俞受聘欲强劫之貞女廉知手持一斧高叫曰有敢入吾室者不論親疏即爲斧下鬼悉皆遁去自居一室以針指度日不佞佛至五十歳出訓女蒙稍能糊口年七十卒越人讃爲奇節

〔儒姐〕係張恭僖公諱景明曾孫女襁褓約婚于王建中孫王耀基爲室未將十六禮耀基病故儒姐聞訃即喪服至門撫骸慟號幾炊伊母百爵哀挽志堅金石不移且夫家甚貧半菽不充而未字之女

終身守節越人以爲美談

周安貞許配王宗仁未成合巹聞夫訃音親往殯殮矢守不字服滿身故胞妹周恭貞許配庠生阮廷諭亦未成婚病故京邸柩回即往哭矢守俱係貢生周祖儀之女有雙貞集行世

趙女幼許配高惟艮順治甲午艮年十八以嘔血歿女長艮四歲聞訃往哭至不欲生女父母慰之終不可解未及期亦嘔血歿士大夫共傳其事云

三十二卷終

山陰縣志卷第三十六

人物志十四　仙釋傳

僊

晉葛元字孝先丹陽句容人從左元放受九丹金液仙經常服餌求長生能絕穀連年不饑游會稽有賈人從海中還過神廟廟使主簿語賈人曰令欲因寄一書與葛仙公可爲致之主簿因以函書擲賈人船頭如釘着板拔不可得還達會稽輒以報仙公仙公自往取之即得也語弟子張恭曰吾不

得治作大藥今當尸解去八月十二日日中當發至期衣冠入室而臥氣色不變弟子等燒香守之三日三夜夜半忽大風起發屋折木聲響如雷燭滅良久風止然燭失仙公所在但見衣在而帶不解以其學道得仙故號曰葛仙公今越地有仙公釣磯及鍊丹井

葛洪字稚川仙公從孫以儒學知名性絶慾不好榮利閉門却掃究覽經籍尤好神仙導養之法初仙公以鍊丹秘術授弟子鄭君稚川就鄭君悉得

其法咸和初選爲散騎常侍固辭不就聞交阯出
丹砂求爲勾漏令乃止羅浮山鍊丹在山積年優
游閒養著述不輟著内外篇凡一百一十六篇自
號抱樸子因以名書年八十一卒顔色如玉體柔
軟舉尸入棺輕如空衣世以爲尸解得仙輿地志
云上虞縣蘭芎山葛稚川所棲隱也今越之遺跡
至多稚川葢嘗至焉

梁陶弘景字通明丹陽秣陵人十歲得葛稚川神仙
傳晝夜研尋便有養生之志齊高帝作相引爲諸

王侍讀永明中脫朝服挂神武門上表辭祿許之勑所在月給茯苓五斤白蜜二升以供服餌止于句容之句曲山立館號華陽隱居仙書云眼方者壽千歲弘景晚年一眼有時而方梁大同二年卒年八十五歲顏色不變香氣累日謚貞白先生按內傳言先生嘗遐遁東邁改名氏曰王整官稱外兵今越有陶宴嶺蓋遺跡云

唐苗龍唐初人失其名能畫龍故呼之曰苗龍後得道仙去

明錢楩號八山嘉靖四年解元五年進士官刑部郎中後棄官歸越喜學長生築室於秦望山之半巖別妻子焚衣冠澹然入道獨棲八角亭中八年冬值大雪雪積丈餘家人開徑而上入視之端逝無言矣或傳其得力導引尸解去徐渭有詩詠之曰結髮慕古昔文字薄齊梁未路遂理道恥聖卑皇王猛棄百乘資誓言學長房高山虎豹叢結茅坐中央未嘗飽饘粥啖棗充肝腸如是者三載鄰嗢歸蒼茫惠施不在世莊生喑其吭後人呼其巖爲

錢公巖

釋

晉支遁字道林河内林慮人風期高亮冷然獨暢年二十五始釋形入道王逸少作會稽遁在焉嘗論莊子逍遥遊遁作數千言才藻新奇花爛映發逸少披襟解帶留連不能已延住靈嘉寺已入沃州小嶺建精舍嘗造卽色論示中郎曰既無文殊誰能鑒賞三乘佛家滯義遁分判炳然謝太傅聞而善之曰此乃九方皐之相馬畧驪黃而取駿逸後至山陰講維摩許詢爲都講遁通一義四座莫不厭心詢送一難

衆人莫不抃舞但共嗟咏二家之美不辨其理之所在遁常養數匹馬或言道人畜馬不韻遁曰貧道重其神駿性好鶴有人遺其鶴二隻翅長欲飛乃鎩其翮鶴軒翥不復能飛遁惜之曰既有凌霄之姿何肯爲人作耳目玩養令翮成使飛去卒葬石城山

于洪開遊石城住華元寺又移白山靈鷲寺與支公道爭色空義弟子法威最知名開嘗使威出都當還山陰曰道林正講小品將無往見之耶威曰

諾旣至遁方提麈威致難攻之遁曰君乃受人寄載來耶

〔惠基〕自錢塘渡江棲山陰法華寺學者千人元嶽初卽龜山寶林寺啟普賢懺法高士周顒劉瓛張融並摳衣問道焉

〔弘明〕住雲門寺誦法華經瓶水自滿有童子自天而下供使虎不時入室自臥起嘗有小兒來聽經明爲說法俄不見又有山精來指笑明提得以帶繫之久不得脫曰放我我不敢復來於是釋之後

住永興紹玄寺又住栢林寺

曇翼號飛雲晋義熙中誦法華經於秦望西北禪定三十年感普賢化現内史孟顗異之請于朝置法華寺至梁時有釋惠舉亦隱于此山武帝徵之不至昭明太子統遺翼以金縷木蘭袈裟世以天衣名其寺焉

曇彦晋末時與許詢元度同刱浮圖未成詢亡久之岳陽王至訪彦曰許元度來何暮昔日浮圖今如故王不能自解彦曰未達宿命焉得知之遂握

手入室席地王忽悟前身造塔之事由是益加壯麗詳見祠祀寶林寺

慧虔晉末居廬山慕遠公德業之盛乃之山陰嘉祥寺聚徒誦經謂衆曰願相講道用奉彌陀後五年先時已至乃曰花開見佛即其時也其夕有尼淨嚴假寐之頃見觀音忽至與百千衆從空而下異香經旬不絕

僧定光大建中居寶林寺耳過其頂擎銀像長立不臥又天竺僧甚神異死後形數見詳祠祀志

唐海慧大師仲休精習天台教禪寂頓悟不接人事李文靖公連以其名上得紫衣海慧之號

澄觀住寶林寺博通諸典撰華嚴義疏二十卷德宗召至京師與罽賓三藏般若譯烏茶國所進華嚴經賜號清涼國師時順宗在東宮又述了義心要各一卷

宋惟定祝髮于資福院紹興丁卯住景德寺講偈有野猿獻果於前將卒謂其徒曰庭前桂樹花開我將逝矣其徒出視之桂花忽開五色急返入戶定

端坐瞑目矣龕留十四日顏面如生

時習禮大善寺學古爲師年十四肄業於杭諸名僧皆異之延祐中以高麗王薦召至京令說法于南城寺時習頂門忽現異光縈結如蓋事聞上大說錫賚甚厚賜號佛音眞應禪師南還法名遠播近自毗閩兩廣遠自日本高麗航海而至者無虛日

元歐兆祖師元至正間賣蔬傭也幼失父母嫂某氏撫之如子每欲師娶妻以成家業師終日蒲團靜

悟嫂恚之潛至越王峥修道嫂曰豈有人而遂成佛耶勸之歸弗聽乃以笋及魚螺相餉師悉吞之俄頃吐所食笋笋活吐所食魚螺魚螺亦活踰年無病端坐而化時盛暑面色如生且有異香而鬚髮常長後塗以漆至今趺跏端坐如故今峥上有篆刀竹其節上下相錯魚腹焦而無鱗螺無尾無靨卽師所吐者也人以爲地藏王後身云

文明海慧族姓婁氏諸暨人母妊時夢神人以白芙蕖授之既誕甫能言見母舉佛號卽隨聲和之

及長客居山陰靈璧寺窺內典輙嘆曰春秋世間法耳欲求出世間法非釋氏吾誰依乎大德乙巳投其寺僧思窮祝髮明年受其戒精進益力後一夕聚衆謝曰吾將歸矣遂索筆書偈端坐而逝

明了真天台人嘗寄跡山陰諸寺或稱羅漢或稱醉仙嗜酒落魄橫拖杖乞錢市中散與貧者冬月惟着單衣或敲冰而浴洪武二年大旱一夕留偈辭衆瞑目而逝鄉人舉龕燔于五雲門外甘雨遂澍其偈曰平生只是呆說不知今朝弄訣諸人笑我

癡顛依舊清風明月

惟宗不知何許人嘗結亭於戴於山道左每盛暑烹茶以濟行客洪武十九年秋酷暑鄉人遍謁龍湫祈禱莫應惟宗語人曰旱久不雨田苗盡瘁人將奚告吾生無益於世願焚身禱天以濟兆民即日齋戒聚薪于野遂火其身大雨如澍觀者環堵鄉人感其誠立祠祀之

皇清圓信字雪嶠鄞縣人常遊若耶秦望間瞥見古雲門三字豁然大悟嗣法龍池後駐錫雲門大闡宗

風順治丁亥秋將圓寂寫小詞示徒曰小兒曹生死路上須逍遥皎月氷霜曉喫杯茶坐脫去了結跏而逝瘞于寺之右隴順治十七年

詔賜帑金五百兩命修藏塔

僧無量名明鏡蚤年悟道爲湛然師高弟修復古刹叢林如顯聖寺天花寺戒珠寺石佛寺彌陀寺阿育王寺大能仁寺凡七處一日攜數千金往閩海販木遇大盜罄刼其資無量閉目不動合掌自懺盜遽還其原槖護送入閩其接衆修寺費以鉅

萬計皆不募而自致者葢得曹洞眞傳云

仙釋傳終

山陰縣志　卷三十六　九

山陰縣志卷第三十七

人物志十五

方技傳

漢謝夷吾字堯卿少爲郡吏學風角占候太守第五倫擢爲督郵使案烏程長㜸吾到縣無所驗但望閤伏哭而還白倫曰竊以占候知長當死遊魂假息非刑所加故不收之月餘果有驛馬齎長印綬上言暴卒倫以爲司徒令班固爲文薦㜸吾曰推攷星度綜校圖籙微占天知地與神合契豫尅死

日如期果卒囑其子曰漢末當亂必有發掘露骸之禍使懸棺下葬墓不起墳

韓說字叔儒博通五經尤善圖緯之學舉孝廉數陳災眚光和元年十月說言於靈帝云晦日必食乞百官嚴裝帝從之果如所言中平二年二月又上封事剋期宮中有災至日南宮大火

宋孔靈產泰始中罷晉安太守有隱遁之志於禹井山立館事道精篤頗解星文好術數齊高帝輔政沈攸之起兵靈產白高帝曰攸之兵衆雖強以天

將冥數而觀無能爲也高帝驗其言擢光祿大夫以篚盛靈產上靈臺令其占候賜靈產白羽扇素隱几曰君有古人之風故贈君以古人之物當世榮之

元張德元不知何許人至正間嘗爲諸暨州吏目避亂居山陰有奇術善觀字知吉凶生一子名之曰槐忽謂友人曰是兒必死槐字木傍鬼非死兆耶未幾兒果卒其友病以豐字示之德元曰死矣明日訃至或問其故德元曰豐字山墓所也兩手

封樹也豆祭器也墓既成矣尚欲生乎或以命字揖德元使占人病德元曰巳死君持命字以揖垂命之兆也巳而果然徐總制書字問德元德元曰據字今夕公當納寵徐歸其夫人呼一婦人出拜乃乳媼也嘗飲劉彥昭家曰今夕復有客巳而客至問之德元曰吾聞滌器聲故耳以上占候

漢蔡邕見寓賢傳篆隸絕世尤得八分之精微體法百變窮靈盡妙嘗待詔鴻都門下見役人以堊帚成字感而爲飛白飛白之書自邕始作筆論曰欲

書先散懷抱任情恣性然後書之若縮閒務雖中山兎毫不能佳也又云書有二法一曰疾二曰澁得疾澁二法書法盡矣

晉孔侃字敬思歷官至大司農有名江左善行書

孔愉字敬康侃之從弟見鄉賢傳善草書述書賦云思行則輕利峭峻驚虬逸駿康草則古質鬱紆落翮摧枯

謝藻字叔文官至中書舍人述書賦云叔文法鍾纖薄精練用筆雖巧結字未善似漸陸之遵鴻等

窺巢之乳燕

〔丁潭〕字世康見鄉賢傳述書賦云亙古不忘吾推世康似無逸少如禀元常猶落泰階之蓂莢秘府之芸芳

〔王羲之〕見寓賢傳七歲善書十二見前代筆說於其父枕中竊讀之母曰爾看用筆法父見其小恐不能曰待爾成人吾授也羲之拜請父喜遂與之不盈月書便大進衛夫人語太常王策曰此兒必見用筆訣近見其書便有老成之智流涕曰此子

必蔽吾名學書久或時冠履皆墨五十三書蘭亭序五十六書黄庭經書訖空中有語卿書感我而况人乎吾是天台丈人嘗以章草荅庾亮亮示弟翼翼時亦以善書名見之乃歎服因與羲之書云吾昔有伯英章草十紙過江顛狽遂乃亡失常歎妙迹永絶忽見足下荅家兄書煥若神明頓還舊觀遊天台還會稽值向夕風月清朗題字洞庭臺柱其飛字宛若龍爪後人稱爲龍爪書其他題扇書几換鵞事語在山川物産志每自稱我書比鍾

繇當抗行比張芝草猶當鴈行也庾肩吾書品曰探妙測深盡形得勢烟華落紙將動風彩帶字欲飛惟張有道鍾元常王右軍其人也張工夫第一天然次之鍾天然第一工夫次之王工夫不及張天然過之天然不及鍾工夫過之論者稱其筆勢飄若浮雲矯若驚龍梁武帝評曰王右軍字勢雄强如龍躍天門虎臥鳳閣唐文皇賛曰烟霏露結鳳翥龍蟠羲之書多不一體隸行草章草飛白俱入神八分入妙畫亦精絕妻郗氏亦工書有七子

少子獻之最知名元之凝之徽之操之並工草黃伯思曰逸少書凝之得其韻操之得其體徽之得其勢渙之得其貌獻之得其源

王獻之見鄉賢傳尤善草隸幼學於父次習於張芝後別剏法率爾師心冥合天矩年五六歲時學書右軍從後潛掣其筆不脫乃歎曰此兒當有大名遂書樂毅論與之能極小真書行草尤多逸氣

孔琳之見鄉賢傳善書與羊欣齊名時稱羊真孔草王僧虔曰琳之書天然絕逸極有筆力規矩恐

在羊欣後梁武帝書評謂如散花空中流徽自得

書品列中之上妻謝氏亦工書

梁謝善勳初齊末王融圖古今雜體有六十四書湘

東又遣沮陽令韋仲定爲九十一種善勳增其九

法合成百體其中以八卦書爲第一以大小爲兩

法徑丈一字方寸千言

陳僧智永師七世祖逸少於永欣寺樓上積年學書

業成方下有秃筆頭十甕每甕皆數石人來覓書

者如市戸限爲之穿穴乃用鐵裹之人謂鐵門限

後取筆頭瘞之號退筆塚自製銘誌臨寫真草千文八百本江南諸寺各留一本虞監云一字直五萬王司馬元美云少時任尚書郎曾見一絹本智永千文於山陰董氏妙墨深入膚理滃鬱欲飛真神物也今張子藎家藏有真草千文是楮紙寫云是王文成家物徐文長鑒定尤爲希世墨寶

僧智果工書銘石甚瘦健煬帝甚善之果嘗謂永師曰和尚得右軍肉智果得骨

宋杜衍見鄉賢傳善書蔡君謨推以草聖晚年益工

鄭子經衍極問宋之名家曰杜祁公之流便

明陳崔字鳴野前入隱逸傳真書得晉人位置法頗有韻第太肥乏鋒穎自云出鍾太傅其徑四五寸以上者圓勁秀絕俗草效懷素龍蛇滿紙亦枯硬恨結構未審盡未是當行家稍能以己意勝酣餘對客揮毫亦自翩翩然總之不若其詩

徐渭前詳列傳其懸筆書所臨摹甚多擘窠大字類蘇行草類米其書險勁有腕力得古人運筆意

王泮號積齋萬曆甲戌進士仕至方伯有清操書

宗二王善小楷大幅草書如龍蛇夭矯世皆寶之

劉世學字石屏少精鍾王書法父殁而貧及長至長安繕寫奏章泰昌登極以殊恩授職不仕禮部郎中張夬額其廬曰字隱

元

尚雨字仲彬善山水雜畫松石師郭熙墨竹瀟灑可愛

鮑敬字原禮善畫人物亦善花木禽魚嘗爲人畫牡丹姿態天然畫牛得李廸法

明

朱南雍善畫山水木石法出吳沈周亦或效倪瓚

常見其效倪巨幅甚清勁絶俗

沈襄號小霞善墨梅幹隨筆生枯潤咸有天趣襄

少卿鍊長子

張爾葆字葆生自爲揚州郡司馬舅氏朱石門多

收藏古畫朝夕觀摹甫弱冠即有名畫苑少年以

寫生入能品後喜松江一泒遂與李長蘅董思白

齊名壻陳洪綬自幼及門頗得其畫法

劉雪湖善梅筆意瀟灑極疎影横斜之致有梅譜

二十餘篇問世以上字畫

宋莫起炎號月鼎風神秀朗其術師青城山徐無極及南豐鄒鐵壁傳斬勘雷書於是召役鬼神宋聖祐戊午浙東大旱紹興守馬鸞迎致之月鼎登壇瞋目按劍呼雷神役之忽陰霧四塞震雷大雨隨澍事聞穆陵作詩一章賜之元至正乙丑見世祖於内殿世祖曰雷可聞乎月鼎卽取袖中核桃擲地雷應聲而發又命請雨雨隨至大見賞異

元馬道助善幻術凡里中犬齧人者道助指之狂猘卽死有村夫板築道側凡行者偶妨其業則詈之

道助摘草一莖置其上已而所築連堵皆潰道遇三江戍卒强侮輒遜謝不與較但與之坐石橋上道助乃去戍卒蹄跱不能起道助行三十里許摘草與樵者曰某橋上有戍卒數人可以此草與之樵夫如言戍卒始能去顧逮道傍多瓜道助暑行求瓜于園人弗與蔓中忽走一白兎行者爭逐之瓜蔓盡傷後符籙事發覺有司遣人持牒往捕適與捕者遇于途取捕者公牒去而捕者昏然不見道助葢得介象蔽形之方云以上符術

漢蔡邕妙操音律桓帝時五侯擅恣聞邕善鼓琴白
帝勑陳留太守督促遂避地會稽見柯亭椽竹知
其可以爲笛又居吳有燒桐以爨者邕聞火烈之
聲謂是良木請裁以爲琴果有美音而尾猶焦傳
玄琴賦曰蔡邕焦尾是也所精曲世傳蔡氏五弄

越陳音善射越王勾踐時人葬處名陳音山

唐王叔文德宗時以棊待詔後侍順宗東宮夤緣亂
政憲宗立乃貶死以上雜藝

齊徐熙東海人僑居山陰秦望好黃老術嘗遇一異

人遺一瓠曰君子孫宜以醫術顯開之乃扁鵲鏡經遂精醫學名震海内後子孫皆以醫名

明黄武字惟周少穎敏有志康濟尤善古詩文事舉子業不就遂精岐黄術先是越人療傷寒輙用麻黄耗劑武獨曰南人質本弱且風氣漸漓情慾日溢本實已撥而攻其表殺人多矣乃投以參芪輙取奇效自是越之醫咸祖述之一時名醫如陳淮何鑑咸出其門所著有醫學綱目數百卷脉訣若干篇行於世

費傑字世彥曾大父子明爲元世醫宗傑故以醫承其家性古慤淳篤邑人患劇疾雖百里外必迎候傑至投一二劑輙效嘗設藥餌以週邑之煢獨葬疏遠無歸者數十人嫁外姓之孤者五人郡守戴琥尤重其雅誼加賓禮焉所著有畏齋詩稿名醫抄經驗良方爲世所宗傑子愚登進士官大理評事歷守名郡秉節不阿孝宗朝以貞諒聞司空劉麟嘗爲愚著傳稱愚剛方清介云

張介賓字景岳年十三隨父至京遇名醫金英從

之游遂得精醫道爲人端静好讀書殫心内經分
門詮疏幾萬言歷四十載而成名著有類經綜覈
百家析義諸書海内多宗之

方技傳終

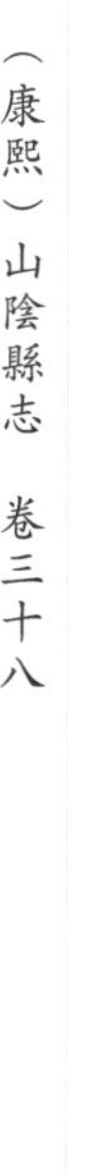

山陰縣志卷第三十八

序志

重脩紹興府并八邑志檄

習尚殊風太史勤輶軒之採山川異勢職方辨物土之宜故郡有誌而邑有書紀載燦如指掌凡節可嘉而善可錄古今較若列眉葢欲臨民者考鏡其澆淳調寬濟猛無難整區而範俗抑令在下者勸懲夫淑慝出作入休賡幾茂遵路以格心誠政治之大閑洵風化之首務也越為浙省名區東南都

會山川秀麗俊髦蔚興八邑之節義勳名數傳之
文章風雅雖從嘉泰四百餘年而後重訂固有傳
書然自孫張兩大君子以來遠湮不無闕載況乎
本朝鴻文丕著景運方新損益之善多端因革之政
不一本府濫竽茲土吏治無才振鐸斯邦經術鮮
效折衷文獻願借掌故之前車披覽輿圖半屬荒
蕪之斷簡續鳧截鶴致損全書亥豕魯魚尤乖原
錄今復因循不舉以待後人恐後人仍待後人終
爲抱殘守缺前既荏苒失時以至今日必今日無

負今日乃見踵事增華爲此布告

薦紳先生遍諭通庠多士遜稽巳往悉訪今茲如

事蹟孔嘉行誼卓絶以及泉石佳勝山水靈異奇或

前此未經闡揚亟需蒐討或今月須登記載更假

研求據實開呈以憑採納共勷盛事勿負虚懷蓋

非徒炫奇博雅之林職爲巡方問俗之助云爾

會稽太守張三異檄

脩誌申約

邑之有誌上以敷揚

聖化下以縷析輿圖方今四海昇平
皇威遐暢國不異政家不異俗矣而鄉有鄉風方有有方言里有里域土有土宜十里之外聲音不同百年之內趨尚不一志之所繇昉也班扶風以分野應列宿馬伏波以聚米識山川其遺制猶可考焉本府蒞越三載每思博稽掌故如古藩宣牧伯之所爲一覩禹服之舊而職掌所寄則刑名是問錢穀是司屬員賢否是覈水旱災荒是憂王事鞅掌不遑啓處雖圖繪在胸而目力未逮恐成錄十

而間遺其一或採瑜而並存其瑕字非金玉文不雅馴德音未昭漢宣所以思良二千石也若夫聽臚言于市詢鄉老于庭山之高者下者俗之貞者淫者川原之汙者潦者田賦之腴者瘠者版圖戶齒之頑者良者傳聞記載之醇者疵者宜芟除者芟除之宜更改者更改之宜避諱者避諱之此賢有司之責也

令甲森嚴敢弗祇畏本府不任編輯之勞亦安能受指摘之咎昔司馬長卿以諭巴蜀而父老傳太守

之意曾本府不能以諭于越哉顧各有司臨文而

嚴汰之毋忽

康熙十年歲次辛亥二月穀旦會稽太守張三異

謹約

重脩山陰縣志紀畧

康熙十六年鍾祥高公諱登先字倩升由已亥進士

奉

簡來蒞山陰越三年逢

郡侯漢張公增修郡志檄所屬各以邑志進而山

陰志自明隆慶戊辰年迄今無續修者遂亟集諸生擇地開舘核舊志源流從而加葺之爲之廣搜博採訂訛存信旣繕草閒質之鄉先生屬文定例期必歸于雅馴卽隣封薦紳不辭就正適慈邑王德邁先生過越先生諱嗣皋順治戊子已丑以解元聯捷弁祈於人物再爲刪定克有成書行將上之

郡侯大人採録大綱以入郡志而

院　司　道各憲亦得以賜覽焉　㫖

康熙十年辛亥冬十一月正貢生沈麟趾

廩生單國驥仝記

山陰縣舊志紀畧

明紹興府志內孫鑛月峯氏記曰山陰志向有修者未成嘉靖十七年嶺東許公東望以進士觀政于秋官問我山陰徐比部千巖萬壑之奇因索其志徐君曰無有也假得君爲吾邑令願留意焉弗旬月許公果拜山陰知縣踰三年乃輯邑志時張太僕天復及柳都昌文方有名于諸生間時與羅生椿齋名號越中三儁許公卽以志屬之而聘耆

儒傳君易參校焉書十二卷文典校有法張公登嘉靖二十六年進士官至雲南副使致仕家居値楊公家相續脩縣志公再執筆增入近事甚多獨列傳循故侯論定也時傳已久沒柳以明經方仕于外公專其事然今刻本猶稱天復柳文纂傳易校公以二公昔年嘗同事心力具在不欲磨滅之也

旹

萬曆丙戌年〇月記

脩山陰縣志舊序

明嘉靖癸卯秋知山陰縣事東郡許東望序曰余初釋褐試秋官政時有山陰徐子□爲秋官郎相與甚善嘗論及山陰名勝如右軍蘭亭諸述作今猶可想見不知所爲千巖競秀萬壑爭流者更當何如是其山川效靈人材翹楚理固然爾因求閱其志徐子曰吾邑闕志久矣粵自宋人作會稽郡志猶得覩其畧元以來簡帙散帙無所稽考間有藏之野史率多殘訛罔有修之者或脩之亦罔克有成竟弗達其故維時山陰令之員乃戲余曰

假得君爲吾邑令願以是屬子始以爲成一空談也弗旬月遇拜乃官徐子聞之卽躍然稱賀曰夙昔之言今若符契適然之會其眞有待之者乎嗣爲余夸大其事徧索諸在秋官名公詩賦若干首且自爲敘以贈余行曰吾邑之志今其無辭矣既入厥邑則見吏事倥偬簿書鞅掌未遑也歷今幾三載頗政通訟簡日有隙暇試諸庠士得張子天復柳子文謂之曰山陰文獻地也何獨久無志無志則于文獻奚攷焉二子曰志非病于採輯之艱

也聞諸經理者慮其費操筆者避其謗耳余曰不然夫志者記也匪直記其事已也彰顯幽隱暴揚休善以示近垂遠勸懲之典實寓焉史稱司馬遷記事不虛美不隱惡而劉向楊雄氏服其敘事謂之實錄今之爲志者多有意見失真私情附會以異同爲好惡以違合爲是非兼之群咻淆亂猶結廬道左如之何其克有成今能虛心無我同爰咨諏考古究其原酌今求其當參之義理協之輿論如所謂實錄者則公已公人欲輿謗不可得已夫

奚費之足慮耶二三子不以余言爲非相與定規格
裁體制搜諸遺錄采其名實遠極炎劉之朝近遵
當代之典編類草創罔敢擅私適值大巡雲川舒
公按越鼇整頽風振刷遐弊移檄郡屬諭以修志
爲治首務宜亟就編纂用昭永鑒余捧檄遂既乃
心愼乃事弗避疑嫌期底于成討輯十有二卷焉
爲之作圖十志二表十傳諸條畧備復召邑之耆
儒傅子易訂正焉茲志也闕之于千百年而輯成
之于一旦二三子之勞實多矣捐俸鋟梓庸識脩志

之意

明隆慶戊辰春知山陰縣事方湖楊家相敘曰郷邑州郡之有誌所以佐國史也而其制實昉于禹貢職方間嘗讀二家之言不能無惑焉夫其紀揚州也限淮海鎮會稽明輪域也豬蠡導江以及具區五湖滌源陂澤奠川也下下其田則壤也錯其賦貢以及島彝篚包錫貢之物慎財賦也斯王政之鉅者載而列之宜其詳乃若男女生齒之數穀畜鳥獸蕃息之宜下逮篠蕩羽毛之微金錫竹箭

之利雖細必書何也至杜氏撰通典衍之寖廣則豈無故而王覇治穎川稱循吏爲最乃其徵恥如某所大木某亭楮子舉無不知豈其志好察抑潁川地約治固宜爾耶何猥瑣不憚煩也或曰史志載言紀事卽有家之籍也是故經其家政大而田廬小而米鹽租𩜾絲縷麻枲無一不書而後主之者有所據而攷證以爲發斂之度雖其鞅掌倉倪而無所亂經世阜民亦若是焉故其籍必詳于史志邑志者一方之史也縣令者百里之命也以之

佐王而殿拜輯俗無一物非王産也無一民非王
臣也無一事非王事也而所以給供輸戍上下出
政令示觀戒於是乎繫苟肆焉寡諜遺文獻不事
則何異于司家之出納負主者之托而失其籍俾
農桑畜牧漫無証焉可乎籍具矣舉大而畧其微
逞華而忘其實與歲更月易繇作賦入盈縮劑量
罔知規前而利後也又可乎嗚呼肯哉乎其言也
足以喻志矣山陰隷郡首先入邑環山戾海其地
瀉滷沮洳尤揚之下下齒繁而産薄征歛不給民

實病焉丙寅之冬余初被命爲令蚤夜孜孜稽其
利弊羸絀之大圖酌而劑之爰諮掌故得邑志葢
前令近山許公所修刻而前湖南督學張公天復
與其友文學柳公文章縫時所詮次焉者也歷宋
元迄于今遺闕不修者上下千百年當其纂而無
據也僅掇拾于遺史載籍之文與三老閭胥之言
是故畧古而詳今至其載邦土之計若湖陂溪浸
之源堰閘瀦洩之利戶口繇稅所供所需之實與
風土習尚之致凡切于裨民者殆可指數而鏡照

也嘻斯非禹貢職方之所用情而潁川所繇茂其績者與可以觀可以興矣顧闕歲久典置棼錯如前令豐里何公之履畝均稅益泉陳公之省煩蠲濫巡臺麗公之均里平徭與余近所規復山額設條徵綏租庸數事不可無紀而官師科貢闕不書者亦垂三十年皆所須藉事之鉅者旋將增葺而以覲行不果無何庋閣不戒梓刻燹燼洎還亟圖復之而詘于公力于是取余數年所節縮于口體芻騎之奉者以付剞劂屬張公内山却埽山中乃

亟書而乞之曰此公所嘗載筆者曷爲桑梓圖其竟辱公不辭遂就編凡關國體民隱類前志者悉增入之而列傳獨循乎故蹟凡例俟論定也夫王覇循良不待其瑣務必知也而戶口日增孝子弟弟順孫貞婦日益加衆余之爲山陰也三年矣于民徵瑣罔敢濶畧乃名宦寓賢與鄉大夫士徵獻芳躅民間孝弟貞惠之行耳目睹記不可殫數也顧獨斬焉得無觖觖于覇耶蓋愼之所以重之也其將有望于後之君子矣夫

附記

山陰人趙曄撰吳越春秋其文氣稍弱語多俳又襍以讖緯怪誕之說不及越絕遠甚曄傳在儒林中觀所作乃不類漢文何也然曄書最先出東都時去古未甚遠所紀事爲詳取節焉可也

郡通判施宿作會稽志二十卷山陰人陸游叅訂且爲之序今人竟謂之放翁志其文辯博可喜筆力暢健有蘇氏父子風非此老宜不若此

山陰人王繼撰紹典名宦七十三人鄉賢八十八

贊附刻舊志

山陰人耆儒王埜輯晉唐以來名人作爲越詠張公天復復增輯十之三四而刻行之板藏修撰元忭家共十二卷

山陰人吴騏撰紹興先達傳凡志乘傳記率有體裁李東陽稱爲文章宗匠

山陰人陸夢斗撰紹典紀畧其書用韻語分門紀事微似賦而文稍近俚其自敘亦稱附于王龜齡之三賦自爲註甚詳傳中風俗一章纖悉備矣治

茲土者宜書一通置之坐隅

山陰縣志跋

聞之學與政相通寔璮一庸苟日事編摩自可廣稽域中之大與千萬禩之遠况區區一州一邑在百年之內有不熟其典故諳其風土者乎重夙慕山陰名勝幸得秉鐸斯邦亦既遍覽謠俗且時與父老子弟相晉接數載間幾謂游觀而蒐採者居其強半孰知全書未讀聞見終疎正如隙間觀鬬管中窺豹其能周知而通曉者

幾何適辛亥之歲

大令高君有增修邑志之役其奉

郡侯之檄也甚速竣事也甚亟撰書也又甚核且

工至各邑繕草皆視之爲楷模余于是而信

高君之知人能得士也留心著作而上繼往昔

下垂來兹也邑志首任其勞者爲文學沈子沈

子識通學練夙擅良史才然素落落于長吏之

庭而

高君乃推心而委而畢子之才又適能副之遂相與訪求纂輯而朱子馬子爰為之多方讐校未及朞月而網羅周密揚扢精當此書出而高君之治業真可以傳之不朽矣即數子之令名亦較之前志張柳二公而爭烈矣余曰手一編而諷之論之今而後知學果與政相通而吏治之洵為易易也使有問余以體國經野之畧者請執斯以往即龔黃卓魯當不得專美于前

矣

旨

康熙十年辛亥十一月山陰縣儒學署教諭事

舉人高基重謹跋